대선의 현대사

대선의 현대사

김은식 지음

표심은 어디로 어떻게 흔들려왔을까

bs
브레인스토어

정치인의 이야기,
국민의 이야기

한국 남성의 90%는 축구 국가대표팀 전술에 관한 전문가이며, 한국인의 90%는 정치 전문가라는 말이 있다. 한국 사람들은 참 정치에 관심이 많다. 물론 여론조사를 할 때마다 40% 안팎의 사람들이 '정치무관심층'으로 집계되기는 하지만, 사실 그마저도 조금 파고들어 따져보면 '정치 문제에 왜 관심을 가져야 하는지 모르겠다'는 쪽보다는 '정치 문제에 정나미가 떨어져서 더 이상 관심 가지기 싫다'는 쪽에 가깝다. '정치혐오'라는 설명이 더 정확할 그 정서 역시 정치에 대한 깊은 관심의 이면이라는 점에서 흔히 말하는 '모든 것이 풍족해서 무료하다는' 북유럽 어느 나라 청년들의 정치무관심과는 색깔이 많이 다르다.

　정치에 관심을 가진다는 것은 특정한 정치인이나 정치세력에 대해 동일시하는 정서와 옳고 그름을 판단하는 생각을 가진다는 것을 의미하며, 그래서 늘 서로 논쟁하고 갈등하는 일에 끼어들게 됨을 뜻한다. 정치인이나 정치세력이란 서로 차별화하고 갈등하고 투쟁하는 것이 업이기 때문이다. 그런데 대한민국에서 정치를 업으로 삼거나, 정치에 관심을 가지거나, 그 과정을 연구하는 모든 이들이 공통으로 안고 사는 질문이 있다. 바로 '왜 우리나라의 정치는 늘 이 모양 이 꼴인가?' 혹은 '왜 나라꼴이 이 모양인가?' 하는 것이다.

물론 민주주의 국가에서 '나라꼴'을 결정하는 것은 결국 국민이다. '나라꼴'이란 결국 정치인들이 권력을 어떻게 사용하느냐에 달린 것이며, 어떤 정치인에게 권력을 쥐어줄 것인가는 국민이 결정하기 때문이다.

어쨌거나 국민이 자유롭게 한 표씩을 던져 대통령과 국회의원을 뽑는다는 점에서, 대한민국 역시 민주주의 제도에 의해 굴러가는 나라임은 분명하다. 물론 여전히 심심치 않게 우습고 황당하고 어처구니없는 일들이 벌어지기는 하지만, 다수의 국민에 의해 선택된 정치인이 권력을 쥐게 된다는 점은 누구도 부정할 수가 없다. 끝내 응징되지 않는 반칙에 의해 크고 작은 왜곡이 발생해왔고, 또 앞으로도 발생하지 않는다는 보장이 없다는 점은 외면할 수 없다. 하지만 그럼에도 최종 결정자가 국민 자신이라는 사실을 국민 자신이 인정하고 있다는 점은 분명하다는 것이다.

우리가 정치에 관해 이야기할 때마다 짜증스러워지는 이유가 바로 여기에 있다. 단지 누군가에게 책임을 지우고 비판하기만 하면 되는 상황에서 일어나는 감정은 짜증이 아니라 분노다. 짜증이란 '화'가 일어나되, 방향을 찾지 못해 내 안에서 폭발할 때 느끼는 것이다. 누구의 탓을 해야 할지도 모르겠고, 그렇다고 덮어놓고 반성을 해야 할 것 같지도 않은 상황에서 느끼는 것이다. 원론적으로 생각하자면 지금의 '나라꼴'에 대해 최종적인 책임을 져야 할 것이 바로 국민으로서의 우리 자신들이지만, 그렇다고 스스로 무릎 꿇고 '내 탓이오'를 외치기엔 뭔가 억울하고 허전하다는 얘기다. 도대체 무엇이 어디서부터 어떻게 잘못된 것일까?

사실 대중이 정치인에 대해 아는 것은 많지 않다. 언론에 보도되는 것은 매우 부분적이고, 여러 방향으로 굽어 있으며, 그나마 쉽게 기억되지도 않는다. 그래서 대중이 가진 것은 정치인들에 대한 몇 개의 이미지들이다.

물론 그것을 누구보다 잘 알고 있는 정치인들에게 '좋은 그림'을 만들어내는 일은 오래전부터 정책을 만들어내는 일보다도 훨씬 중요하게 받아들여져 왔다. 그래서 그들은 천진난만한 아이를 안거나 그 아이의 볼에 뽀뽀하거나 손가락을 들어 그 아이에게 저 멀리 어딘가를 가리키는 사진을 만들어낸다. 또 겨울이면 두 볼에 검댕을 묻힌 채 연탄을 나르기도 하고, 보육원이나 양로원 정문 앞에 라면 박스를 쌓아놓은 채 웃는 사진을 만들어내기도 한다.

하지만 그렇게 정성껏 만들어낸 이미지를 대중의 마음에 심기는 쉽지가 않다. 우선 그것은 모든 경쟁자가 다 하는 일이기 때문이고, 또 무엇보다도 작위적인 느낌은 어쩔 수가 없기 때문이다. 그래서 오래 남고 강하게 남는 기억은 '우연하고도 자연스러운 이미지'들이다. 돌발적인 상황에서 흘린 눈물, 엉겁결에 흘린 감탄사나 비명, 혹은 예상 밖의 위기상황에서 했던 반사적인 행동들. 예컨대 장인의 과거 좌익 행적 의혹에 대해 추궁하는 기자들을 향해 '그럼 아내를 버리라는 거냐'고 답했던 노무현의 모습, 혹은 커터칼 테러 피습을 당해 응급수술을 받은 뒤 몰려든 당직자들에게 제일 먼저 '대전(선거상황)은요?'라는 질문을 던졌다는 박근혜의 모습은 얼마나 강력하게 우리의 머리와 가슴에 남아있는가.

그런 이미지들이 하나의 내러티브를 이룬다면 대중은 더더욱 확신한다. 그리고 그런 확신은 좀처럼 깨지지 않는다. 하나의 점은 방향이 없지만 두 개의 점은 선을 이루고, 최소한 이쪽 아니면 저쪽을 가리키게 되기 때문이다. 그리고 그 선 위에 두세 개의 점이 더 놓인다면, 그 사이의 빈 공간을 저마다의 상상이 곧 빼곡히 채우게 되고, 어지간한 반례로도 무너뜨릴 수 없는 강한 확신으로 발전한다. 몇몇 정치인의 지지자들이 꼭 그래야 하는 이해관계로 엮인 것이 아니면서도 마치 오랜 세월 일거수일투족을 곁에서 보아온 것과도 같은 친밀함과 신뢰감을 느끼는 것은 바로 그 때문이다. 하지만 많은 사람들이 확신한다고 해서 반드시 그 믿음이 타당하다고 말할 수는 없다.

예컨대 '대전은요?'라는 박근혜의 일성(一聲)은 삼십여 년 전 그녀가 아버지 박정희의 죽음에 관한 소식을 들었을 때 제일 먼저 '전방은요?'라고 묻더라는 이야기, 그리고 몸담고 있던 한나라당이 대기업들로부터 '차떼기' 방식으로 불법 정치자금을 받은 일이 들통나 궤멸의 위기에 처했을 때 당사를 팔고 천막당사에 앉아 선거를 지휘했던 일과 이어지면서 '위기상황에 강하다'는 신화를 만들어냈다. 하지만 2014년 4월 16일, 세월호가 침몰하고 그 배에 타고 있던 300명이 넘는 학생들이 물속으로 잠겨가던 7시간여 동안 청와대의 집무실도 아닌 관저에서 도무지 이해할 수 없는 방식으로 시간을 허비하며 아무것도 하지 않았던 일들이 뒤늦게 알려졌을 때 그 신화의 허망함에 대해 모든 국민들이 뼈저리게 깨우쳐야 했다.

어쨌든 정치인과 국민은 이미지를 통해 소통하며, 그것이 많은 이들에게 확신을 주었을 때 선택을 받게 된다. 그래서 지금까지의 한국 정치의 과정과 결과와 형태를 만든 것이 대통령과 국회의원의 자리에서 직접적인 결정을 내린 정치인들이고, 그들을 선택한 것이 국민들이라면, 국민들이 그 정치인들에 대해 어떤 이미지를 가지고 있었고 그 이미지들은 얼마나 '실체'와 가까운 것들이었는지를 살펴봄으로써 우리의 '나라꼴'이 왜 이 모양 이 꼴인지를 대략 조망하고 이해할 수 있다.

이 책에서는 선거, 특히 대통령선거 앞뒤의 상황과 그 선거에 나섰던 후보들의 모습들을 되짚어보려고 한다. 그 선거에서 국민들은 후보들에게서 어떤 모습을 보았고, 어떤 선택을 했으며, 그것이 결국 어떤 결과로 돌아왔는지. 물론 그걸 되짚어본다고 해서 당장 앞으로의 선거에 훨씬 현명한 선택을 할 수 있으리라고 생각하지는 않는다. 하지만 되풀이된 실패 앞에서 '다 소용없는 짓'이라고 헛발질을 하는 것보다야 실패의 원인이 무엇이었는지 어설프게라도 거듭 되짚어보는 쪽이 조금씩은 발전하는 방식이라고 믿는다. 그런 선택으로서 시작하는 이 글 자체가 나에게도 나름의 반성이고 성찰이며 각오인 것은 물론이다.

| 차례 |

정치는 쇼 비즈니스와 같다

Politics is just like show business

– 로널드 레이건 Ronald Reagan

1 부정선거의 역사

오늘날 이름(국호)에 '민주주의'라는 단어가 포함되지 않은 나라는 찾아보기 어렵다. 지금까지 인류가 만들어낸 가장 정당하고 효율적인 정치제도가 바로 민주주의라는 점에 대해서는 이견의 여지가 없으며, 따라서 그것을 채택하지 않으면 정당성이 부족하고 효율성이 세계적인 기준에 비해 떨어지는 나라라는 사실을 자인하는 셈이 되기 때문이다. 그래서 몇몇 독재자들은 '아시아적 민주주의'나 '한국적 민주주의' 같은 신조어를 만들어내는 고육책을 써가면서까지 자신이 나름의 민주주의 질서를 이끌고 있다는 변명을 하기도 한다.

그 민주주의라는 이름을 사용하기 위해 정부가 보장해야만 하는 최소한의 제도적인 장치가 바로 '선거'다. 정기적인 선거를 통해 국가의 주요한 정책결정자들을 선발해야 하고, 그 선거에 나서 후보가 될 자유와 그렇게 나선 후보 중에서 간섭이나 감시를 받지 않고 선택할 자유가 보장되어야 한다. 그것 없이 민주주의를 자처하는 것은 국제적인 비웃음을 사는 가장 쉬운 방법이다.

대한민국은 민주주의 국가다. 그리고 그 민주주의는 노력 없이 미국으로부터 선물받은 것도 아니며, 독재정부를 마지못해 참고 따라준 결과 얻게 된 경제발전의 부산물도 아니다. 그것은 지난 백여 년 동안 한국인들이 치열하고도 끈질기게 버티고 싸우고 또 머리를 모아서 만들어온 것이다. 그것이 가장 중요한 본질이다.

　새 나라가 민주공화국이어야 한다는 합의는 이미 일제로부터 국토를 되찾기 전, 그러니까 일제에 맞서 독립운동을 벌이던 과정에서 이루어져 있었다. 1919년 3·1운동 직후에 중국 상하이에 세워진 임시정부를 비롯한 수많은 독립운동 단체들이 거의 예외 없이 민주공화국의 이념에 기초하고 있었고, 국토와 국민을 회복한 뒤에는 보통선거를 통해 모든 국민이 주권을 행사하는 방식의 정치체제를 구축하겠다는 구상을 밝히고 있었다.

　여기엔 이유가 있었다. 일제에 나라를 빼앗기기 직전의 시점, 그러니까 조선 말기로부터 대한제국에 이르는 시기에 우리 민족의 삶의 조건은 역사상 가장 끔찍한 수준으로 떨어져 있었다. 정부와 관료들의 무능과 부패는 극에 달했고, 농업생산력은 한껏 곤두박질친 가운데 소작료만 치솟아 굶어죽은 시체가 곳곳에서 썩어갈 지경이었다. 청일전쟁을 비롯해 외세의 각축장으로 전락해있는 동안에도 백성의 생존을 보호하고 돌봐주는 정부의 힘은 조금도 느껴지지 않았던 반면, 스스로를 보호하기 위한 농민들의 저항은 외세의 힘을 빌려서라도 처절한 학살로써 응징하는 모순과 환멸의 시대이기도 했다. 이용

구를 중심으로 주권을 일본에 팔아먹는 데 앞장섰던 일진회의 뿌리가 동학농민군에 있었으며, 학살당한 수십만 동학농민동지들의 원한을 갚기 위해서라도 대한제국을 멸망시켜야 한다는 비뚤어진 열정이 그들을 뭉치게 하고 있었다는 점은 그 시대를 이해할 수 있는 중요한 단면이다.

그렇게 왕실을 비롯한 구체제의 엘리트들이 보여줬던 끔찍한 무능과 비효율 덕분에 우리 민족 구성원의 절대다수는 '왕정복고' 혹은 '구체제 복원'에 대한 미련을 일찌감치 털어버릴 수 있었다. 그리고 바로 그런 이유에서 일제가 물러간 뒤 실제로 우리에게 선거제도를 비롯한 민주주의 제도를 전수한 것은 미국이었지만 그런 방향을 선택한 것은 이미 우리 한국인들 자신이었다고 말할 수 있는 것이다.

우리가 승전국의 지위를 인정받지 못한 채 해방을 맞이하고, 그래서 3년간 미군정의 지배를 받아야 했던 것은 안타까운 일이다. 그리고 미군정의 선택을 받은 이승만이 초대 정부의 권력을 장악한 것을 시작으로 박정희와 전두환으로 이어지는, 세계적으로도 손에 꼽힐만한 악질적인 독재자들의 통치를 무려 40여 년이나 감내해야 했던 것 역시 불행하고 또 불운한 일이었다. 그들 독재자가 원한 것은 주권자인 국민들로부터 위임받은 행정권이 아니라 전제군주의 왕권과도 같은 절대적이고도 신성화된 특수권력이었다. 따라서 당연하게도 그들은 민주주의 제도의 성숙과 발전을 원하지도 않았다. 그래서 그들은 통치기간 내내 선거라는 거추장스럽기 짝이 없는 과제를 놓고 골머리를 잃았다. 그들이 일단 총칼의 힘을 빌려 움켜쥔 반민주적이고 전제적인 권력을 어떻게 선거라는 민주적인 제도의 형식으로 포장해낼 것인가를 놓고 늘 고심할 수밖에 없었던 것이다. 민주주의에 대한 신념과 소신 따위와는 애초에 거리가 멀었을 그들 역시 거대한 민족사적인 흐름 속에서 형성된 민주주의라는 근본적인 합의를 함부로 무너뜨릴 수는 없었기 때문이다.

그래서 이승만, 박정희, 전두환 치하 40여 년의 정치사는 그대로 '부정선거의 역사'라고 해도 과언이 아니다. 이승만은 막걸리와 고무신으로 표를 샀고 투표장 안팎에는 각목부대를 세워둔 채 투표함에는 미리 조작된 표를 잔뜩 넣어두었으며, 그렇게 하고도 상황이 심상치 않게 흘러가면 개표장에서 투표함을 바꿔치기하거나 정치깡패를 불러들여 불을 지르기도 했다. 박정희는 해외 차관이나 금융권 대출의 대가로 기업들로부터 뜯어낸 정치자금을 대대적으로 동원하기 시작했고, 국가 행정조직을 통째로 자신의 선거운동 조직으로 활용하기도 했다. 특히 박정희 통치기간의 후반부부터 전두환 통치기간에 이르는 동안에는 '체육관 선거'라는 이름의 정치쇼를 통해 대통령을 뽑고 '전국구 제도'라는 것을 통해 국회의 과반수를 자동으로 여당 의원들로 채움으로써 선거라는 제도의 허물만 희미하게 남게 되기도 했다. 우리에게 있어 늘 '민주주의'란 허탈하기 짝이 없는 허울일 뿐이었다는 자조가 틀린 것은 아니다.

하지만 뒤집어보면, 그런 부정선거의 역사가 동시에 민주주의라는 근본적인 합의의 틀을 무너뜨리려는 독재자들과 이를 지켜내려는 국민들 사이의 끈질긴 싸움의 과정이었음도 알 수 있다. 부정선거라는 말 자체가 선거를 통해 부정한 권력을 정당화시키는 데 실패했음을 의미하는 말이며, '부정선거로 점철된 40년'이란 동시에 '이승만, 박정희, 전두환 독재권력이 그 부정함과 부당함을 끝내 숨기고 포장하는 데 성공하지 못한 40년'이라는 뜻이기 때문이다.

예컨대 이승만과 박정희의 시대는 배경과 세력과 방식이 모두 다름에도 불구하고 뚜렷한 공통점을 가지고 있다. 그들 모두 통치기간 초기에는 최대한 공정한 방식의 선거를 통해 권력을 유지하려고 노력하지만, 조금 더 권력을 확대하고 연장하려는 시도가 저항에 부딪힐 때마다 조금씩 더 심한 부정선거를 감행하게 되며, 그럴수록 더 강해지는 저항에 맞서 더 강한 폭력과 더 심한 부정선거를 통해 민주주의의 근간을 무너뜨리려고 했고, 바로 그 순간에 파멸에 이르렀다. 그들은 오로지 더 강한 권력을 더 오래 누리기를 원한 독재자이었음에도 불구하고 선거라는 거추장스러운 과정을 통하지 않을 수 없는 틀 안에 갇혀 있었고, 그 틀을 벗어나려는 순간 제거되고 마는 것을 우리는 반복해서 목격할 수 있었다.

2 이승만 정권 (1948 ~ 1960)

건국 초기 대한민국에 두 가지 비극이 있었다면, 첫째는 초대 대통령에 오른 것이 이승만이라는 인물이었다는 점이고 둘째는 정부를 수립하고 얼마 지나지 않아 끔찍한 전쟁을 겪어야 했다는 점이다.

해방 당시 한국의 대중들이 '이승만' 하면 떠올린 두 가지 키워드는 '미국'과 '독립운동'이었다. 대한제국 시절 독립협회에 몸담고 왕정폐지와 공화정 수립을 주장하다가 반역죄로 투옥된 유명한 정치범이기도 했던 그는 러일전쟁 직후 집권한 개화파들의 도움으로 특별사면을 받고 풀려나자 곧 미국으로 건너갔고, 그곳에서 공부를 하며 독립운동을 벌인 것으로 알려져 있었다. 해방이 되자 해외에 머물던 독립운동가들 중 제일 먼저 귀국해 방송을 통해 자신을 중심으로 뭉치면 살겠지만 그렇지 않으면 죽게 될 거라는 인상적인 대국민 협박 연설을 하기도 했는데, 그것 역시 그의 이름을 각인시킨 계기가 됐다.

그가 민주주의적인 신념과 민족에 대한 헌신적인 태도를 가졌으리라고 믿는 것은 당시로서는 너무나 자연스러운 일이었다. 그는 한

귀국 연설을 하는 이승만

국인 중 가장 먼저 공화제를 주장한 인물 중의 하나였을 뿐 아니라 한국인 최초로 미국의 명문 프린스턴대학교에서 정치학 박사 학위를 받은 학자였고, 한때나마 임시정부의 수반에 추대되기도 했을 만큼 독립운동 진영에서 널리 이름이 알려진 인사였기 때문이다. 특히 일본을 꺾은 나라 미국에서도 가장 훌륭한 대학에서 박사라는 타이틀을 따서 돌아왔다는 사실은 그에게 엄청난 후광효과를 만들어주었다. '대통령 각하'라는 것 못지않게 이승만이라는 이름에 가장 흔하게 따라붙은 존칭어가 바로 '박사'였다는 점('이 박사' 혹은 '이승만 박사')이 그것을 말해준다.

그런 그가 해방 직후 38선 이남 지역에서 권력투쟁에 가장 유리한 위치에 선 것은 당연한 일이었다. '미국 박사'와 '독립운동의 선구자'라는 이미지 덕에 대중들로부터 막연하게나마 호의적인 평가를 받고 있었고, 한국보다 미국에서 더 오랜 세월을 살아온 이승만에 대해 미군정이 거부감을 가질 이유가 없었을 뿐 아니라, 오랜 기간 해외에서 활동했던 독립운동가 중 다른 누구보다도 많은 조력자를 국내에 확보할 수 있었기 때문이다.

특히 귀국 직후부터 그의 집 문턱이 닳도록 수많은 정치 지망생들이 몰려든 데는 이유가 있었다. 우선 그는 실제로 독립운동에 그리 헌신적인 편은 아니었음에도 활동량에 비하면 훨씬 큰 영향력을 독립운동가들에 대해 가지고 있었다. 그것 역시 구한말 개화파의 막내쯤에 해당했던 그가 다른 누구보다도 먼저 독립과 공화제를 주장한 선구적인 인물이라는 점 때문이기도 했지만, 더 중요한 이유는 그가 하와이를 비롯한 미주 지역 동포들로부터 자금을 모으고 독립운동 진영에 전달하는 통로 역할을 해온 덕분이었다. 고국의 동포들로부터 격리된 채 해외에서 활동하던 독립운동가들에게 자금은 늘 절실하면서도 아쉬운 문제였기에 '자금동원능력'은 그대로 정치적인 영향력으로 연결될 수밖에 없었던 것이다.

하지만 더 중요한 것은 그가 친일파들에게도 충분히 타협해볼 만한 상대였다는 점이다. 이승만은 독립군들의 무장투쟁이라든가 윤봉길, 이봉창 같은 이들이 벌였던 의혈투쟁에 대해 일관되게 반대해왔고, 오직 외교적 노력만을 강조해온 극히 소극적인 유형의 독립운동가였다. 무력으로는 일본을 이길 수 없을 뿐 아니라 국제사회에서 일본의 선전전에 빌미를 줄 뿐이라는 이유에서였다. 그래서 그가 생각하는 독립의 방법은 오직 미국을 비롯한 주변 강대국에 대한 지속적인 '탄원' 뿐이었다. 그리고 그런 소극적인 성향 덕분에 그는 국내에 남아 크고 작은 방식으로 일제의 통치에 협력하며 기득권을 쌓아온 이들에게 상대적으로 덜 위협적인 상대로 인식될 수 있었다.

미군정은 친일파들에 대한 특별한 제재나 압박을 가하지 않았고, 해방 이후에도 그들은 부와 정치적 영향력을 여전히 유지하고 있었다. 미군정의 입장에서는 일본군이 쫓겨난 뒤 자신들에게 아무런 위협이 되지 않는 친일파들을 굳이 색출하고 척결할 필요를 느끼지 못했을 뿐 아니라, 한국인들 사이에 갈등과 대립이 격화되면 자신들의 통제권이 약해질 수 있다는 점을 우려했기 때문이다. 하지만 미군정이 끝나고 한국인 정부가 세워진다면 얘기가 달라질 수 있었다. 한국인들의 일반적인 정서는 친일에 대한 단죄와 척결을 당연한 역사적 순리로 받아들이고 있었고, 그래서 독립운동세력 간의 주도권 경쟁이 벌어지게 되면 각 정파는 친일파들에 대한 강경한 단죄의 제안도 경쟁적으로 내놓을 가능성이 높았다. 그래서 그들은 김구나 여운형처럼 반일적인 색채가 강하거나 비타협적인 성향을 가진 이들 대신 비교적 온건하고 타협의 여지도 있는 이승만이 정권을 조기에 장악하도록 돕고 그에게 의지하여 자신들의 안전을 보장받고자 했던 것이다.

그렇게 미군정과 친일기득권세력, 그리고 국민 대중 모두로부터 두루 거부당하지 않았던 데다가 찬탁-반탁이나 단독정부수립 문제 등을 놓고 격렬한 정치적인 논쟁이 벌어질 때마다 가장 안전하고 유리한 길을 택해가는 정치력까지 가졌던 이승만은 무난히 초대 대통령 자리에 오를 수 있었다.

이승만, '대통령이라는 이름의 왕'을 꿈꾸다

—

하지만 그가 미국에 머물던 시절 일본의 조선 침략을 옹호하며 미국 내 친일 여론을 주도하던 스티븐스를 처단하고 미국 재판정에 선 전명운, 장인환 두 의사의 법정 통역을 맡아달라는 교민들에게 거액의 수임료를 요구했을 정도로 이기적인 인물이며, 그 사건에 관한 미국 내의 여론이 애매하게 흘러가자 '기독교인으로서 살인사건의 변호를 도울 수 없다'며 발을 뺐을 만큼 기회주의적인 인물이라는 사실은 당시에는 국내까지 알려지기 어려웠다. 또한 초기에 내각책임제 형태로 출범한 임시정부에서 맡게 된 '총리'의 직책을 외국에 '대통령(president)'이라고 소개해서 물의를 빚고 그 문제에 대해 경고한 내무총장 안창호에게 오히려 '우리끼리 행동이 일치하지 못한 소문이 나면 독립운동에 큰 방해가 있을 것이며, 그렇게 되면 그 책임은 당신에게 돌아갈 것이니, 이 문제에 대해 더 이상은 언급하지 말라'고 적반하장의 엄포를 놓았을 만큼 독선적인 성격을 가졌다는 사실도 물론 아는 사람이 많지 않았다. 그는 심지어 대통령제로 개정된 임시정부 3기에 대통령이 되었을 때는 아무런 공적인 논의도 없이 독단으로 국제연맹에 위임통치를 청원하기도 했고, '있지도 않은 나라를 팔아먹으려 한다'며 비난하는 임시정부 내각 인사들을 향해서는 오히려 '대통령을 비난하는 것은 도리에 어긋난다'고 훈계를 할 정도로 권위주의적인 사고를 가지기도 했다.

이승만이 미국에서 보고 배운 것은 자유민주주의였을지 몰라도 그의 뼛속 깊이 새겨진 정치적인 꿈은 그 자신이 '전체 민족으로부터 추대되고 추앙받는, 대통령이라는 이름의 왕'에 오르는 것이었는지도 모른다. 실제로 대통령이 된 뒤 조선 시대 궁궐을 제집처럼 드나들며 창덕궁이나 경복궁의 연못을 독점하고 낚시를 즐기곤 했던 것이 그의 전근대적인 정서를 대변하기도 한다. 그가 1950년 6월 25일 전면전 발발 소식을 접한 곳은 홀로 낚시를 즐기던 창덕궁 후원(비원)의 연못 반도지(半島池)였으며, 전쟁이 끝나고 서울로 돌아온 뒤에는 아예 경복궁 경회루 옆 연못 안에 '하향정(荷香亭)'이라는 정자를 짓고 틈이 날 때마다 그 안에 들어앉아 낚싯대를 드리우기도 했다.

어쨌든 김구와 여운형, 송진우가 줄줄이 암살당하고 국내 최대의 정당 중의 하나였던 남로당 간부들이 하루아침에 수배당해 잠적하고 도주하는 정치적 격변 속에서 차근차근 독보적인 위상을 쌓아 올린 이승만은 무난히 제헌의회에 진입했고, 제헌의원들의 간접선거를 통해 초대 대통령의 자리에 올랐다. 하지만 대통령의 자리에 올랐다고 해서 당장 모든 것을 좌지우지할 수 있는 절대적인 권력을 쥐게 되는 것은 물론 아니다. 이승만 역시 그랬다. 대부분의 정치적 경쟁자들이 제거된 가운데 노련한 정치력을 휘두르며 독주한 이승만이 애초에 내각책임제로 모였던 제헌국회의 공감대를 뚫고, 대통령제 헌법을 이끌어낸 것을 비롯한 수많은 정책을 자기 뜻대로 끌어간 것은 사실이었다. 하지만 의회 내에서 이승만에게 맹목적으로 충성하는 이들은 극소수에 불과했다. 1, 2대 국회는 독립운동세력과 일본에 소극적이나마 협력하며 재력을 키운 세력이 균형을 이루고 있었고, 후자의 결사체인 한민당의 경우 이승만을 추종한다기보다는 의지하며 이용하려는 의도를 가진 이들이 다수였다. 이승만의 입장에서는 의회의 절반은 견제세력이었고, 나머지 절반은 자신들의 이익을 침해하지 않는 한에서만 협조할 의지를 가진 조건부 협조세력이었던 셈이다. 1952년, 이승만이 경찰력을 동원해 국회의원 출근 버스를 통째로 납치하는 공포 분위기를 조성하면서까지 억지로 헌법을 뜯어고쳐(발췌개헌) 대통령을 국회의 간접선거가 아닌 국민 직접선거를 통해 뽑도록 한 것이 그런 사정을 반증한다. 의회의 지지를 얻지 못한 대통령이 전쟁 중이라는 비상상황을 핑계 삼고 경찰력에 의지해 불안한 권력을 무리하게 휘두르고 있던 것이 바로 그 무렵의 상황이었다.

권력자가 어떤 부당한 의지와 불온한 계획을 하고 있더라도 균형과 견제에 의해 제어되게끔 구조화되어있는 것이 바로 민주주의다. 이승만이 아무리 왕이 되고 싶은 꿈과 그것을 위해 수단 방법을 가리지 않는 악의(惡意)를 가지고 있었다고 하더라도 그를 견제할 수 있는 의회, 그리고 그런 의회를 만든 민의를 통해 충분히 제어되고 통제할 수 있는 시스템을 대한민국은 출발점에서부터 이미 갖추고 있었다. 하지만 정부를 수립한 지 채 2년도 지나기 전에 한반도를 덮친 전쟁은 그 모든 긍정적인 가능성을 짓밟아버리고 말았다.

1950년 6월 25일에 시작돼 무려 3년간 이어진 그 전쟁의 비극은 2백만 안팎의 목숨을 희생시킨 것에서 그치지 않았다. 전쟁 이후 분단된 남쪽에서는 좌익, 북측에서는 우익의 뿌리까지 말라 죽어버리며 이념과 사상에 그치지 않고 정책적으로도 극단적인 외길을 가는 두 개의 정부가 수립되었을 뿐만 아니라, 양쪽의 권력자들이 대결상황을 이용해 견제세력들을 억압하고 국민을 협박해 독재 권력을 만들어낸 것 역시 무시할 수 없는 전쟁의 비극적 결과였다.

'자유당식 부정선거'의 시대 : 1952 ~ 1960
—

전쟁 중이던 1952년 5월 30일에 치러진 제2대 국회의원 선거에서 이승만의 지지세력들이 대거 낙선했다. 한편으로는 전쟁 중에 드러난 정부의 무능에 대한 원망과 비판이 반영된 것이었고, 다른 한편으로는 남한 단독정부 수립에 반대하며 제헌국회에 불참했던 독립운동 세력들이 대거 후보로 나서면서 몰고 온 변화였다. 당시 헌법에 따르면 대통령은 국회의원들의 간접선거로 뽑게 되어있었기 때문에 이승만의 재선은 불가능해진 셈이었다. 하지만 이승만은 포기하지 않고 재집권을 가능하게 하려고 온갖 부정한 방법을 동원했는데, 그것이 한국에서 민주주의라는 이름이 본격적으로 수난을 당하기 시작하는 출발점이라고 할 수 있다.

이승만은 대통령을 국민의 직접선거로 뽑게 하는 개헌안을 냈지만 무려 19대 143의 압도적인 표차로 부결되어버렸다. 그러자 정치깡패들의 힘을 빌려 수많은 관제데모를 일으켜 국회를 압박했고, '공비 토벌'이라는 엉뚱한 구실을 내세워 계엄령을 선포하고는 국제공산당의 자금이 국내로 들어와 몇몇 국회의원들에게 흘러갔다는 누명을 씌워 끝까지 저항하는 의원들을 잡아들였다. 결국 국회를 해산하겠다는 위협까지 들이밀며 의원들을 압박한 끝에 기립표결로써 헌법을 뜯어고쳐 장기집권의 발판을 마련했는데, 그 개헌을 '발췌개헌', 그 일련의 사건을 '부산정치파동'이라고 부른다.

그렇게 막무가내로 헌법을 뜯어고친 한 달 뒤에 치러진 제2대 대통령선거와 1954년의 제3대 국회의원선거는 전설적인 '자유당식 부정선거'의 출발점이 되었다. 선관위 직원들은 야당 정치인들의 후보 등록서류를 아예 받아주지도 않았으며, 우여곡절 끝에 후보등록을 하고 선거운동을 시작하면 어디선가 각목부대가 나타나서 휩쓸어버렸고, 투표장에는 미리 여당 후보를 찍은 표가 그득그득 담겨있는 투표함이 놓였다. 투표장에 들어서는 유권자들은 3인조나 6인조로 짝을 지어 릴레이로 투표함으로써 여당 투표 '인증'을 했고, 개표 요원들은 손에 미리 묻힌 인주로 야당표를 더럽혀 무효표로 바꾸기도 했다. 그러다 보니 여당과 야당의 득표수를 합한 것이 총투표수와 맞는 경우가 드물었으며, 여당 후보의 득표수만으로도 총투표수를 넘기는 일조차 종종 벌어졌다.

일단 고삐가 풀려버린 이승만과 자유당의 무단통치는 점점 더 노골화됐다. 부산정치파동 때 일단 직선제를 관철하는 데만 집중하느라 미처 손대지 못한 임기제한조항(대통령의 임기는 4년이며, 두 번에 한해 중임이 가능하다는 조항)을 없애기 위해 이승만은 또다시 개헌을 발의했고, 이번에는 더 심한 반발에 부딪혔다. 대통령의 임기 제한을 2회에서 3회로 늘리는 것은 누가 봐도 오로지 이승만 한 사람만을 위한 것이었고, 또 한 번의 대대적인 부정선거를 예고하는 것이었기 때문이다. 이승만 정권은 또다시 경찰력, 군 방첩부대, 정치깡패, 관제데모 등을 총동원하며 개헌을 밀어붙이고도 국회의 개헌 투표에서 개헌 통과를 위해 필요한 136표(재적의원 203명의 2/3)에 한 표 모자란 135표밖에 얻지 못했지만, 부결이 선언된 다음 날 '재적의원 203명의 2/3

는 135.33명이므로 사사오입을 하면 135명이고, 따라서 전날의 개헌 투표는 가결된 것'이라고 선언하는 무지막지한 짓을 벌이기까지 했다. 그것은 스스로 생각해도 너무 말이 안 되는 민망한 일이었기 때문에 몇몇 자유당 의원들이 이탈해서 야당으로 몸을 옮기는 계기가 되기도 했는데, 그들 중에 갓 30세의 초선의원 김영삼도 포함되어 있었다. 그로부터 40여 년 뒤 대통령이 되는 바로 그 인물이다.

그렇게 이승만이 온갖 무리수까지 마다치 않고 헌법을 난도질하며 권력을 연장하고 강화할 수 있었던 것 역시 전쟁과 학살의 공포 덕분이었다. 그 시대에 전쟁의 위급한 상황은 오히려 정치적 반대파를 간첩이나 이적 행위자로 몰아 쉽사리 처단하는 데 악용되곤 했고, 그래서 '말 많으면 공산당'이라는 말이 횡행하기도 했다. 어지간한 불의와 부조리를 만났다고 하더라도 쉽사리 문제를 제기하기 어려웠던 이유다.

그래서 오늘날 '부정선거의 대명사'가 되어버린 1960년 제4대 정부통령선거('3·15 부정선거'라는 이름으로 더 널리 기억되고 있다)는 사실 '가장 심한' 부정선거였다기보다는 전쟁 이후 십여 년간 부정선거를 통해 이어간 이승만 권력의 수명이 다하는 순간에 놓인 사건이었다고 보는 것이 옳을 것이다. 4·19 직후에 낱낱이 파헤쳐지고 세상에 알려진 그 수많은 부정선거의 수법들은 사실 그해에 처음 등장한 것들이 아니었으며, 가장 심하게 활용된 것도 아니었기 때문이다. 기립표결이니 사사오입이니 하는 초등학생도 비웃을 유치한 방법까지 동원해 헌법을 두 차례나 뜯어고친 것이 3 · 15부정선거가 감행되기 8년 전과 6년 전의 일이었고, 두 차례에 걸쳐 대통령선거 2위에 올랐던 유력한 도전자 조봉암에게 간첩의 죄를 씌워 죽여 버린 것도 이미 그 한 해 전의 일이었다. 그런 마당에 이승만 정권의 무리수가 더 이상 심해지고 말고 할 것이 무엇이 있었겠는가.

1952년부터 1960년에 이르는 8년간은 그야말로 부정선거로 점 철된 시기였다. 우리나라에서 치러진 최초의 직선제 대통령선거였던 1952년 제2대 대통령선거와 1954년 제3대 국회의원선거, 그리고 1956년 제3대 대통령선거와 1958년 제4대 국회의원선거. 그리고 1960년의 제4대 대통령선거. 그 다섯 번의 선거 중 언제의 부정과 타락이 더 심했는지를 따지기는 쉽지도 않고 별 의미도 없는 일이다. 다만 같은 일이 반복되고 경험이 축적됨에 따라 점점 더 세련화되고 점점 더 노골화되며 점점 더 뻔뻔해졌다는 정도의 차이를 발견할 수 있을 뿐이다.

사실 이승만과 자유당의 입장에서 1960년 제4대 대통령선거는 무리하게 부정행위를 감행할 이유도 비교적 크지 않았다. 선거운동 과정에서 이승만의 유력한 경쟁자인 민주당의 대통령 후보 조병옥이 사망하면서 대통령 당선인이 일찌감치 정해져 버렸기 때문이다. 하지만 이승만 정권은 대통령 유고 시에 권한을 대행하게 되는 부통령 자리마저 안전하게 확보하기 위해 부정행위의 고삐를 조금도 늦추지 않았고, 그런 지독한 행태는 일찌감치 희망마저 거세당한 국민들의 좌절감과 맞붙으면서 불꽃을 만들어냈다. 좌절과 분노를 이기지 못하고 거리로 쏟아져 나온 시민들을 향해 이승만 정권은 정치깡패와 경찰의 폭력을 동원해 상대했고, 그럼에도 시민들은 100여 명이 목숨을 잃은 가운데서도 굴하지 않고 전진해 결국 이승만 정권을 무너뜨리는 데 성공하고 말았다.

어쨌든 3·15부정선거를 계기로 4·19혁명이 촉발됐고, 독재자 이승만은 간신히 목숨만 건져 미국으로 도주했다. 선거는 무효화되어 다시 치러졌고, 민주적인 질서는 회복되었다. 하지만 불과 1년 뒤 박정희를 비롯한 군인들이 총칼의 힘으로 민주질서를 다시 무너뜨렸는데, 그들의 핵심적인 명분이 '반공태세의 재정비'였음을 돌아본다면, 6·25전쟁이 한국 민주주의에 미친 비극적인 영향은 그 폭과 깊이를 모두 가늠하기조차 어렵다.

3

박정희 정권
(1961 ~ 1979)

1961년 5월 16일 아침, 간밤에 일어난 군사정변 소식을 접한 사람들은 어떤 생각을 했을까? 무자비한 폭력의 시대를 예감하며 공포에 사로잡혀 불안해했을까? 아니면 지긋지긋한 혼란을 끝낼 구세주를 맞아 설레었을까?

청와대 집무실에서 반란군 수뇌부를 마주한 윤보선 대통령의 일성(一聲)은 '올 것이 왔다'는 것이었다고 한다. 당시 지식인 사회에서 가장 영향력 있는 언론인이었으며 훗날 박정희 정권에 저항하다가 죽음을 맞이하게 되는 장준하 역시 정변 직후에는 그가 펴내던 잡지 〈사상계〉 6월호에 그 군사정변이 '방종, 무질서, 타성, 편의주의의 낡은 껍질에서 탈피하여, 일체의 구악을 뿌리 뽑고 새로운 민족적 활로를 개척할 계기'가 될 것이라며 높이 평가하는 글을 싣기도 했다. 주한 유엔군 사령관 매그루더가 윤보선 대통령에게 반란군 진압을 승인해달라고 건의했다는 증언이 있긴 하지만, 그것을 제외하면 정치권에서나 시민사회에서나, 혹은 군부에서도 군사정변에 격렬히 저항한 흔적은 찾아보기 어렵다. 집권세력인 민주당 내에서도 실권을 쥐고 있던 장면 총리 중심의 신파들은 그나마 진압의 의지를 잠시 보였던 반면 비주류였던 윤보선 대통령 중심의 구파들은 자포자기 내지는 환영의 정서까지 가지고 있었던 것으로 보일 정도였다.

물론 사람마다 세력마다 경험과 계획에 따라 여러 가지 전망과 판단과 예감들이 엇갈리는 것은 당연한 일이었을 것이다. 하지만 그 날 국민 대중의 마음에 흐르는 가장 중심적인 흐름은 '기대감'이었다고 보는 것이 옳을 것이다. 4·19혁명 자체를 후회하거나 반대하는 이들은 극히 적었겠지만, 그 이후 1년의 삶에 대해서까지 만족감을 가진 사람은 많지 않았기 때문이다. 수백 명이 목숨을 버려가면서까지 얻어낸 승리였던 만큼 혁명 이후에 대한 기대감은 클 수밖에 없었다. 하지만 민주주의 회복의 과실이라는 것은 그렇게 빠르고 직접적이고 가시적으로 돌아오는 것은 아니었다. 정치적 자유는 확대됐지만, 경제는 여전히 어려웠고, 미래에 대해 누구 하나 분명한 약속을 내놓지 못하는 현실 역시 국민들을 답답하게 했다.

그리고 또 한 가지 그 날의 분위기를 이해하기 위해 오늘의 후대인들이 고려해야 하는 것이 있다. 당시의 한국인들이 아직 '군사정권'을 경험해보지 못했다는 점이다. 전두환과 신군부가 등장하던 1980년에 그렇게 많은 이들이 목숨을 걸어가며 '정치군인 물러가라'를 외쳤던 것은 박정희 군사정권 18년을 경험했기 때문이며, 그 박정희 정권이 출현하던 시기에는 비추어 두렵고 끔찍하게 느낄 경험 자체가 없었다. 오히려 이승만 정권에서 국민들이 두려워했던 것은 경찰이었으며, 군인에 대해서는 특별히 반감을 가진 이들이 많지 않았다. 4·19혁명 와중에도 국민들을 향해 총을 쏜 것은 경찰이었으며, 군대의 경우에는 이종찬 육군참모총장이 대통령의 진압 명령에 불복하고 저항해 국민의 편에 선 사실이 널리 알려져 있기도 했다.

어쨌든 현실에 대한 불만을 가진 사람들이 많던 시점에 '혁신'을 약속하는 이들에 대해서는 호의적인 기대를 거는 분위기가 강할 수밖에 없었고, 박정희는 그런 분위기에 힘입어 빠르게 정권을 장악하고 안정화할 수 있었다.

정변에 성공한 뒤 군사혁명위원장과 국가재건최고회의 의장으로서 모든 권력을 장악한 박정희 장군은 2년 뒤 '민정이양'을 선언하는 동시에 자신도 군복을 벗고 민간인의 신분이 되어 정권을 유지하는 말장난 같은 짓을 벌였다. 그와 함께 정변을 일으켰던 군인들의 일부는 함께 군복을 벗고 공화당이라는 정당을 만들어 정권 연장 작업을 뒷받침했고 나머지 일부는 군에 남아 군 수뇌부를 장악한 채 배경 지원을 계속하기도 했다.

하지만 박정희도 처음부터 무력과 공포 분위기로 국민들을 찍어누르기만 한 것은 아니다. 정변세력에 대해 기대와 호감을 느낀 국민들이 여전히 많은 상황에서 군이 그럴 필요가 없었기 때문이다.

1963년 제5대 대통령선거

—

1963년 8월 30일, 박정희는 정변 성공 2년 만에 별 두 개를 더 달아 국군 창설 이후 세 번째로 최고 계급인 대장의 자리에 오른 뒤 전역해 민간인 신분이 되었고, 같은 해 10월 15일에 치러진 제5대 대통령선거에 공화당 후보로 출마하게 된다. 당시 가장 강력한 경쟁 후보는 민정당의 후보로 나온 윤보선 전 대통령이었다. 쿠데타 성공세력의 수장과 그 쿠데타를 통해 쫓겨난 세력의 대표가 벌이는 대결. 하지만 바꾸어 말하면 국민들에게 한 번 실망을 안겼던 구세대 정치세력의 대표와 그것을 갈아엎겠다고 나선 신세대 정치세력의 대표 사이의 대결이기도 했다. 게다가 한 번 패퇴하고 처벌받고 감시받으면서 구석에 몰려있던 세력과, 반대로 국가권력을 장악하고 풍부한 관권과 정보력과 자금력의 지원을 받는 세력의 재대결이라고 볼 수도 있었다. 그래서 당시에 박정희와 공화당은 노골적인 부정선거의 힘을 빌리지 않더라도 충분히 이길 수 있다는 자신감을 가질 만했다.

박정희는 '새 일꾼에 한 표 주어 황소처럼 부려보자'는 선거구호를 내세웠다. 윤보선을 비롯한 기존 정치인들에게 '무능과 나태'라는 딱지를 붙이고, 무엇보다도 군인 출신다운 강력한 리더십과 추진력을 통해 경제성장을 이끌 능력을 어필하려는 전략이었다. 그 선거를 위해 만들어진 공화당의 상징이 황소가 된 것도 이와 같은 맥락이었다. 상대 윤보선 후보를 향해서는 '무능'과 '부패' 외에 '가식적 민주주의자'라는 딱지도 즐겨 붙이곤 했다. 그들이 자랑하는 '민주주의'라는 이미지의 가치를 깎아내리려는 의도였다.

윤보선 후보로서는 승부를 걸어볼 것이 역시 '민주주의'에 관한 이슈뿐이었다. 경제발전에 대한 무능은 이미 일 년간 집권하는 동안 그리 좋은 평가를 받지 못한 적이 있기에 이득을 보기 어려운 주제였고, 상대적으로 공화당보다 자기편이 더 나을 것이라는 기대감을 주기도 어려웠다. 하지만 총칼을 앞세워 권력을 찬탈하고 일정 기간 뒤 군대로 돌아가겠다는 약속을 어긴 것은 박정희 일파의 약점일 수밖에 없었다. 그 부분을 공격하기 위해 윤보선은 '민주주의와 가장된 민주주의의 대결'이라는 프레임을 사용했다. 자신은 진짜 민주주의자인 반면 박정희는 민주주의의 가면을 쓴 가짜라는 이야기였다. 그리고 그 메시지를 보다 선명하게 전달하기 위해 박정희의 사상적 전력을 끄집어냈다. 과거 박정희가 해방 직후 남로당 프락치 사건 때 체포되어 사형선고까지 받았던 일을 들춘 것이다.

'박정희는 민주주의자가 아니다'라는 진실을 대중에게 쉽고 분명하게 전달하기 위해 '박정희는 민주질서를 총칼의 힘으로 뒤엎은 독재자다'라는 정확한 근거 대신 '박정희는 공산주의자다'라는 쉽지만 엉뚱한 논거를 갖다 붙인 셈이다. '민주주의의 반대말' 하면 반사적으로 '공산주의'를 떠올리는 사람이 많던 시대를 반영한 발상이었다. 하지만 그것이 그리 효과를 발휘한 것 같지는 않다. 우선은 공산주의에 대한 적개심을 가진 이들이 그렇다고 해서 박정희보다 윤보선을 선택하기는 쉽지 않았으며, 또한 당시에는 공산주의에 대한 반감 못지않게 '빨갱이 사냥을 빌미로 피바람이 부는 일'에 대한 두려움을 가진 이들도 많았기 때문이다. 전쟁이 일어나자마자 정부 스스로 '보도연맹'이라는 단체에 가입시킨 좌익 전력자 수십만 명을 조직적으로 학살했던 일, 그리고 두만강변에서 낙동강변까지 전선이 오르내리는 가운데 북진기간에는 공산당부역자라는 죄명으로, 후퇴기간에는 국방군부역자라는 죄명으로 애꿎은 수많은 사람들이 속절없이 죽어가는 모습을 생생하게 지켜본 이들이 유권자의 대다수였던 시절이었다. 이래저래 윤보선으로서 '빨갱이 딱지 붙이기'는 득표에 별 도움이 되지 않는 전략이었던 셈이다.

그런데 공화당 쪽에 그렇게도 많은 자원과 지원세력과 호재들과 성공적인 전략이 있었고, 민정당 쪽에 그렇게도 많은 악재와 오류와 부실한 대응이 있었음에도 불구하고 선거 결과는 뜻밖의 접전이었다. 470만 표 대 455만 표. 불과 15만 표, 백분율로 따지면 1.5% 포인트 차이의, 그야말로 '박빙'의 결과가 나온 것이다. 특히 120만 명의 유권자가 몰려있던 서울에서는 윤보선이 80만 표를 가져가는 압승을 거두었고, 경기도와 충청도, 강원도에서도 윤보선이 앞섰지만 경상도와 전라도, 제주도에서 박정희가 승리하면서 간신히 당선될 수 있었던 것이다.

충분히 예상할 수 있었던 결과라는 분석도 물론 있었다. '새로운 정치세력'을 표방하며 만들어진 공화당이 실제로 각 지역에서는 과거 자유당 출신 인사들을 대거 흡수함으로써 국민들에게 큰 실망감을 안긴 것이 중요한 패인이었다는 것이다. 또 쿠데타 세력들의 국가재건최고회의와 그 산하 기구들이 과거 자유당 시절의 국가기구 못지않게 특권을 누리고 지방 곳곳의 토호세력과 결탁하는 것을 지켜보면서 그들 역시 그리 기대를 걸 만한 세력이 아님을 깨닫게 된 것도 하나의 이유였다. 하지만 가장 근본적으로는 국민 대다수가 애초에 정변에 대해 지지하거나 묵인한 것도 단기적인 비상조치인 한에서였을 뿐, 민주주의의 기본적인 틀을 흔드는 것에 대해서까지 긍정한 것은 아니었기 때문이다. 민주당 정권을 중단시키고 개혁조치를 시행하는 것에 대한 지지와, 그들이 또 다른 정권의 주인이 되는 것에 대한 지지는 서로 다른 문제였다. 교육수준이 낮고 교양수준이 낮던 그 시절이라고 해서 민주주의의 근본적인 가치에 대한 국민들의 공감대마저 지금보다 낮았던 것은 아니었다.

그 선거를 통해 박정희는 원하던 대통령 자리를 얻었지만, 마냥 유쾌한 것은 아니었다. 자신이 그리 환영받는 존재는 아니라는 사실을 분명히 알게 됐기 때문이다. 그리고 그가 나아갈 길도 분명해졌다. 한편으로는 이제부터라도 국민들의 마음을 얻기 위해 노력하는 것, 그리고 다른 한편으로는 '혹시라도 또다시 이런 뜻밖의 결과로 자칫 일을 그르치지 않게끔 만전을 기하는 것' 말이다.

4년 뒤인 1967년 5월과 6월에 치러진 제7대 국회의원 선거와 제6대 대통령선거부터는 공화당의 움직임이 근본적으로 달라졌다. 당시

중앙정보부장을 지낸 김형욱은 훗날 회고록에 이렇게 쓰기도 했다.

"박정희는 그 4년의 집권을 마친 후 그따위 불편하고 화딱지 나는 자유민주주의라는 것을 그만두겠다고 작정했다. … (그리고 선거에) 막대한 자금과 막강한 공화당 조직과 관권을 투입했다."

박정희는 정변으로 정권을 쥔 이후 첫 6년 동안 외부로부터 대규모의 자금을 끌어들이기 위한 일들을 쉬지 않고 벌여냈다. 베트남에 군대를 보냈고, 일본과의 외교관계를 회복했으며, 독일에는 광부와 간호사를 보냈다. 그 대가로 막대한 군사원조와 청구권 자금, 그리고 차관과 기업 참여수익이 들어왔고 그 일부가 차곡차곡 박정희와 공화당의 금고에 쌓였다. 확대된 해외 사업에 참여할 기회를 잡기 위해 국내 기업들이 은밀히 건네는 검은돈의 액수가 폭발적으로 늘어난 것도 당연했다. 그렇게 확보한 자금들을 선거에 퍼붓기 시작했는데, 그 액수가 당시 정부의 1년 치 국가 예산의 10% 선 안팎에 이르렀던 것으로 추산될 정도였다.

불리한 여론을 호도하기 위해 간첩사건을 조작해 공포 분위기를 조성하는 수법이 조직적으로 활용되기 시작한 것도 그 무렵부터였다. 그리고 그 대표적인 것이 바로 동백림(동베를린) 유학생 간첩단 사건과 민비련 사건이었다.

'화딱지 나는 자유민주주의'를 그만두다

—

박정희는 1963년에 이어 1967년 대통령선거에서도 윤보선을 간신히 따돌리고 재선에 성공했다. 스스로 만든 헌법에서 정한 두 번의 임기를 모두 채울 수 있게 된 셈이었다. 하지만 그 두 번째 임기를 모두 채운 뒤에도 정권을 놓을 생각이 전혀 없었던 그는 이미 취임 직후부터 대통령 임기 횟수를 세 번으로 늘리는 헌법 개정을 구상하고 있었다. 그리고 그것을 가능하게 하는 데 필요한 국회 2/3 이상의 의석을 확보하기 위해 모든 수단과 방법을 다 동원하기로 했다. 그래서 박정희 정권 들어 가장 노골적인 부정선거가 1967년 6월 8일 제7대 국회의원선거에서 감행되었다.

공개투표와 대리투표, 매표행위가 난무했고 유령유권자 명부가 발각되기도 했다. 또한 야당 후보 이름에 기표가 된 채 불태워지다가 남은 유효표의 잔해가 곳곳에서 발견되기도 했고, 빼돌려진 투표용지와 기표 도구가 투표장 밖에서 발견되기도 했다. 과거 자유당 시절에 애용되던 수법들이 그대로 답습되거나 혹은 더 세련된 형태로 나타난 것들이었다. 하지만 한술 더 떴던 것은, 대통령을 비롯한 모든 고위직 중앙 공무원과 관선 단체장들이 전국을 순회하며 공개적으로 여당 후보의 선거운동을 했던 일이다. 국무회의에서 선거법 시행령을 고쳐 아예 국무위원들의 선거운동을 허용해버렸던 것이다.

특히 김대중이나 김영삼처럼 박정희가 '반드시 낙선시켜야 하는 자'로 꼽은 이들이 출마한 지역에서는 대통령과 국무총리, 관련 장관들이 줄줄이 방문해서 공화당 후보의 공약을 그대로 줄줄 읊으며 '곧 시행해주겠다'고 약속하는 것이 당시 선거운동 기간 내내 이어진 풍경이었다. 심지어 김대중이 출마한 목포에서는 현장 국무회의가 열려 '여당 후보가 당선될 경우에 시행될' 조건부 개발 정책들을 산더미처럼 쏟아내기도 했다. 그리고 그런 물불 가리지 않는 전력투구 덕에 공화당은 개헌에 필요한 의석수보다도 13석이나 많은 130석을 확보하는 데 성공했다.

하지만 물불을 가리지 않으면 한쪽에는 불이 나고 한쪽엔 홍수가 난다. 이미 3·15부정선거를 경험했고, 그것에 저항해 승리한 경험을 가진 한국인들에게 6·8선거는 지나친 도발이었다. 선거 사흘 뒤인 6월 11일에 춘천에서 열린 '부정선거규탄종교인궐기대회'와 6월 12일 법대생들 주도로 벌어진 서울대 항의시위를 신호탄으로 전국의 대학생과 종교인, 지식인, 야당원들이 거리로 쏟아져나왔고, 곧이어 고교생들까지 들고일어나기 시작했다. 6월 16일에는 전국적으로 30개의 대학, 그리고 무려 148개 고등학교에 임시휴교령을 내리지 않을 수 없는 상황이 이어졌다. 박정희와 공화당 정권도 불과 7년밖에 지나지 않은 4·19혁명의 기억들을 되살리지 않을 수 없는 상황이었다.

박정희 정권은 그때 이미 운명의 기로에 서게 된 셈이었다. 일반적인 방식으로 누를 수 없는 저항을 만났을 때 권력이 택할 수 있는 길은 두 가지다. 더 강한 폭력을 동원하는 길, 그리고 굴복함으로써 타협하는 길. 이승만이 전자의 길을 택했다가 몰락하고 말았던 과정을 똑똑히 지켜봤을 박정희는 일단 후자의 길을 택했다.

6월 16일, 박정희는 특별성명을 발표했다. 선거부정은 마땅히 규탄받아야 하며, 정부 역시 민주시민들과 더불어 그것을 규탄한다는 내용이었다. 요즘 말로 치면 '유체이탈 화법'이라고나 할까. 하지만 당시에는 그것이 그런대로 먹혀들어갔다. 공화당은 소속 후보로서 당선된 이들 중 부정선거의 증거들이 너무나 뚜렷하게 남은 10명을 골라 제명하고 법적 처벌을 받게 함으로써 대통령 특별담화에 화답했다. 박정희와 공화당으로서도 약간의 군살을 빼는 피곤함이야 있었지만, 여전히 개헌에 필요한 의석수를 3석 넘기는 여유가 남았다. 하지만 야당인 신민당은 '최소한의 면피는 했다'는 듯 어물쩍 저항운동을 접고 국회에 등원하기로 결정했고, 시민들의 대오도 곧 흩어지고 말았다.

하지만 뼛속까지 군인이었던 박정희에게 작전상 후퇴는 반격의 출발점일 뿐이었다. 저항이 잠시 누그러진 7월 8일과 11일, 중앙정보부는 '독일 유학생과 서울대학생을 중심으로 200여 명에 이르는 지식인들이 북한의 지령을 받고 정부를 전복하기 위해 암약해왔다'는 충격적인 발표를 내놓았다. '동백림(동베를린) 유학생 간첩단 사건'과 '서울대 민비련(민족주의 비교연구회) 사건'이었다.

당시 독일 역시 우리처럼 동독과 서독으로 분단되어 있었지만, 남북한에 비해서는 훨씬 덜 적대적인 관계를 유지하고 있었다. 특히 원래 독일의 수도였던 베를린 역시 동서로 나뉘어있긴 했지만, 비교적 간단한 절차만 통하면 자유롭게 왕래하는 것도 가능했다. 그 무렵 독일에서 유학 중이거나 활동하던 지식인들의 경우에는 학문적, 예술적 목적이나 혹은 막연한 호기심으로 동베를린을 방문하는 일이 종종 있었다. 그리고 그중 일부는 동베를린 주재 북한 대사관을 거쳐 북한을 다녀오는 일도 있었다. 물론 북한 정보기관의 공작에 넘어가 정치적인 목적을 가지고 오가는 경우도 있었지만 그렇지 않은 경우도 있었다. 분단된 남북한 중 어느 한쪽을 자신의 조국으로 선택하기를 거부하는 독일 교민도 있었고, 비정치적인 필요를 위해 남북을 모두 오가는 이들도 있었다. 예술적 영감을 위해 고구려 강서대묘의 사신도를 보려고 북한을 방문했던 음악가 윤이상이 그 대표적인 경우였다. 이미 그런 사정을 파악하고 있던 박정희와 중앙정보부는 적절한 시기에 관련 내용들을 모아 대규모 간첩단 사건으로 부풀린 데 이어, 역시 독일 유학생 출신인 황성모 교수가 지도교수를 맡고 있다는 앙상한 인연을 도화선 삼아 서울대학교 정치학과와 사회학과 학생들이 주축이 된 연구모임인 '민비련'을 엮어 일망타진해버렸던 것이다.

작곡가 윤이상과 화가 이응로를 비롯해 수많은 예술인과 학자와 학생들이 한국으로 납치되거나 유인되었고, 그들과 친분이 있던 천상병 시인을 비롯한 숱한 국내의 예술인과 지식인들과 함께 남산 중앙정보부 조사실로 끌려가 평생 지워지지 않을 장애와 상처가 남을 때까지 고문을 당했다. 그리고 그중 33명이 기소되어 징역형과 사형을 선고받았다. 물론 90년대 중반 이후로는 '간첩사건'도 약발이 다 떨어지고, 어설픈 발표는 오히려 조롱과 반감만 사게 되었지만, 그때는 달랐다. 이제 막 남북 간의 체제경쟁에 불이 붙기 시작하던 시기였기에 북한의 위협도 훨씬 현실적으로 느껴지고 있었고, 또 그렇게 규모가 큰 간첩단 사건도 처음이었다. 부정선거에 대한 규탄의 여론과 움직임이 일시에 소멸해버린 것도 이상할 것이 없었다.

하지만 충격요법의 한계는 명확하다. 제거되지 못한 원인은 반드시 결과를 생산하기에, 그 효과가 아무리 확실하다고 해도 본질적으로 일시적인 것에 불과하다는 점이다. 간첩단 사건은 부정선거에 대한 저항의 대오를 흐트러뜨렸지만, 그 의지마저 거세한 것은 아니었다. 잠시 흩어진 저항의 여론은 그대로 4년 뒤인 1971년에 치러진 제7대 대통령선거로 이어졌고, 더욱 분명해진 '민의' 앞에서 무릎 꿇을 것인가, 아니면 더 강한 폭력과 강압으로 맞설 것인가에 관해 잠시 미뤄진 선택은 또다시 박정희의 손 앞으로 돌아오게 된다.

3선을 넘어 영구집권으로 향하다 : 1971년 제7대 대통령선거

—

부정선거와 간첩단 사건 조작을 통해 간신히 '삼선개헌'에 성공한 박정희는 결국 세 번째 대통령선거에 나섰고, 이번에는 두 번 상대했던 윤보선 대신 김대중이라는 새로운 상대를 만나게 됐다. 윤보선 보다 김대중은 훨씬 어렸고 경험도 적었지만, 영리했고 유능했고 연설에도 능했으며, 무엇보다도 패기가 넘쳤다. 지난 두 번의 선거에서 윤보선은 박정희의 사상전력을 공격하고 반칙행위를 지적하며 '반대표'들을 모으는 데 그쳤지만, 김대중은 적극적으로 대안을 제시하며 자신만의 비전을 펼쳐놓았다.

예컨대 기업들의 자율적인 성장을 위해 정부기관의 불필요한 간섭과 통제를 대폭 풀겠다는 공약이나 대기업과 중소기업, 도시와 농촌 사이의 빈부격차를 해소해 균형발전을 도모하겠다는 공약은 이론적으로나 현실적으로나 타당성이 높은 것들이었다. 그리고 기업과 노동자, 도시 서민과 농민들을 포함해 폭넓은 계층의 지지를 끌어낼 수 있는 계획들이기도 했다. 그리고 동시에 박정희가 다시 당선된다면 아예 총통제로 바뀌어 대통령을 직접 뽑을 기회 자체가 사라질 것이라고 용감하게 경고하면서, 자신이 당선되면 다시 헌법을 고쳐 대통령의 임기를 두 번으로 제한하겠다고 공약하기도 했다. 박정희와 공화당 정권의 약점과 부족한 점을 고루 찌르는 유효적절한 공격들이었다.

반면 박정희의 유세는 '이번이 마지막 대선 출마이며, 지금까지 추진해온 일들을 잘 마무리할 기회를 달라'는 호소로 집중됐다. 물론 유세를 다니는 곳마다 선심성 약속을 하고, 안보위기를 부풀려 국민들을 협박하는 것은 늘 하던 대로였다. 하지만 무엇보다도 '삼선개

제7대 대통령선거 때 김종필과 이야기를 나누는 박정희 후보의 모습

헌'이라는 무리수를 둔 것에 대해 변명하지 않을 수 없었고, 대안은 '마지막 기회를 달라'는 읍소로 집약됐던 것이다.

선거결과는 94만 표, 약 8% 포인트 차이로 박정희의 당선이었다. 하지만 그것을 깨끗한 박정희의 승리라고 보는 이는 많지 않았다. 선거 직후 김대중은 '국민의 지지를 도둑맞았다'고 통탄했는데, 오히려 그 말에 공감하는 이들이 많았다. 수십 배 이상의 자금을 쏟아붓고, 전국의 공무원들을 수족처럼 부리며 만들어낸 승리라는 사실을 생생히 지켜본 국민들은 '금권대통령, 관권대통령'이라고 조롱하기도 했고, 경상도에서만 158만 표차를 만들어낸 점을 빗대어 '경상도 대통령'이라고 비꼬기도 했다. 좀 더 간결하게 '박정희가 일방적으로 쓸어 담은 공무원과 군인 표를 빼고 계산하면, 이미 김대중이 이긴 선거'라고 정리하는 이들도 많았다.

그리고 마치 김대중의 예언처럼, 그 선거는 정말 마지막 대통령선거가 되고 말았다. 2년 뒤인 1973년 박정희가 끝내 '유신헌법'이라는 괴물을 만들어내, 대한민국에 민주주의와는 가장 거리가 먼 정치체제를 세웠기 때문이다. 국민들이 보통선거를 통해 주권을 행사하는 민주주의 질서가 회복된 것은 그로부터 무려 16년이 흐른 1987년, 6월 항쟁 이후였다.

선거 없는 민주주의? 박정희의 유신체제

—

박정희는 선거 결과를 '민심'이라고 생각하지 않았다. 그는 늘 현장 시찰을 즐겼고, 그곳에서 만나는 시민들과 격의 없이 악수를 하고 농민들과 막걸리 잔을 나누었다. 그럴 때마다 그는 늘 엄청난 환영을 받았고, 사랑과 존경이 그득그득 담긴 눈빛을 느낄 수 있었다. 하지만 선거 때만 되면 늘 내키지 않는 변명과 약속을 해야 했고, 어디서 불어오는지 알 수 없는 바람이 일어나 날카로운 비판과 의혹과 저항의 기운이 형성되곤 했다. 그는 자신이 거리에서 논두렁에서 직접 보고 듣고 느끼는 것이야말로 진실한 민심이며, 선거는 야당과 반체제 세력의 불순하고 야비한 정치공세에 순진한 국민들이 놀아나는 피곤한 난장판일 뿐이라고 느꼈다. '선거 없이 돌아가는 나라'야말로 그가 생각하는 '제대로 된 나라'였고, 제대로 된 민의와 만나는 방식이라고 생각했다. 1972년 10월에 선포한 유신체제는, 그의 소신이었다. 그것에 대해 그 자신이 죄책감이나 자괴감, 혹은 민망함을 느꼈을 가능성은 거의 없다.

유신체제를 선포한 이상, 박정희는 자신의 소신을 숨기거나 포장할 이유가 없었다. 자신을 향해 환호와 지지의 손짓을 보내는 이들은 '진정한 국민'이며, 그것에 대해 불평불만을 가지고 시비를 거는 세력은 '불온한 반국가세력'으로 낙인찍고 그에 맞는 대우를 하면 되는 것이었다. 불온한 의도를 가진 반국가세력에게 더는 온정을 베풀 이유도 없었고, 최소한의 인권을 보장할 필요도 없었으며, 그들을 선량한 국민 다수로부터 분리하는 필수적인 일을 하는 데 있어서 거추장스럽게 증거를 다투거나 정당한 사법적 절차를 거칠 필요도 없었다. 필요하다는 판단만 선다면, 누구든 감시하고, 누구든 잡아들이고, 누구든 가두거나 죽이기도 했다. 무단통치와 공포정치의 시작이었다.

유신체제란 2,000명에서 5,000명 사이의 규모로 '통일주체국민회의'라는 주권수임기구, 말하자면 국민의 주권을 대신 행사하는 헌법 최고기관을 만들어 그곳에서 대통령과 국회의원의 1/3을 뽑고 헌법 개정을 의결할 수 있는 권한을 부여하는 것을 골자로 한다. 그 기구의 대의원을 투표를 통해 뽑긴 했지만, '정당에 가입할 수 없고, 평

통일주체국민회의의 대통령선거 현장

화통일을 위해 주권을 성실하게 행사할 수 있는 자여야 한다'는 애매
한 자격규정을 만들어놓고 그것을 근거 삼아 야당 성향 인사들의 입
후보를 원천적으로 차단해버렸기 때문에 실제로는 박정희 개인의 거
수기 역할을 하는 장치에 불과했다. 그 통일주체국민회의를 통해 치
른 제8대 대통령선거(1972년)에서 박정희는 전체 2,359표 중 2,357표
(99.9%)를 얻었고, 제9대 대통령선거(1978년)에서는 전체 2,578표 중
2,577표(99.9%)를 얻었다. 무효표들은 대개 '박정희'라는 이름의 한자
를 잘못 적은 것들이었다. 반대표의 주인을 색출하기 위한 필적감정
까지 동원되는 공포 분위기였기 때문에 그 무효표가 의도된 것인지,
정말 실수로 인한 것인지는 정확히 알 길이 없다.

　물론 그것이 전부는 아니었다. 유신체제에서 대통령은 '긴급조치권'과 '국회해산권'을 가지고 있었는데, 그것은 '천재지변 또는 중대한 재정·경제상의 위기에 처하거나 국가의 안전보장 또는 공공의 안녕질서가 중대한 위협을 받거나 받을 우려가 있어, 신속한 조치를 할 필요가 있다고 판단할 때' 헌법상 국민의 자유와 권리를 잠정적으로 정지시킬 수도 있고 국회를 해산할 수도 있다는 것이었다. 한 마디로 대통령 자신이 그럴 필요가 있다고 판단하기만 하면 어떤 견제와 비판과 저항과 감시도 분쇄할 수 있었다. 게다가 법관에 대한 임명권마저 대통령에게 주어져 있었기 때문에 '삼권 분립'이라는 원칙은 완벽하게 무시되어 있었던 셈이다. 간단히 말하자면 이름만 대통령일 뿐 사실상 황제나 다름없는 지위와 권한을 가진 자리에 박정희 자신이 올라선 것이 바로 유신체제였다.

하지만 선택권은 통치자에게만 주어지는 것이 아니다. 국민의 저항 앞에 고개 숙이는 대신 채찍을 꺼내 든 박정희 앞에서 국민 역시 선택을 해야 했다. 복종이냐, 더 큰 저항이냐. 한국인들의 선택은 저항이었고, 시작은 이곳저곳에서 산발적으로 이루어졌지만 하나의 흐름으로 엮인 것은 1978년 제10대 국회의원선거였다.

국민의 반격: 1978년 제10대 국회의원선거
—

1971년 대선에서 패배한 뒤 박정희 정권의 보복을 피해 해외로 몸을 피한 김대중은 일본과 미국을 떠돌며 해외교포들을 규합해 유신체제를 비판하고 국제사회의 지원을 호소하는 활동을 펼쳤다. 1973년에는 장준하, 함석헌, 윤보선 등 야당과 재야인사들뿐만 아니라 김수한, 한경직, 김지하, 이호철 등 종교, 문화, 학술 등 각계 인사들이 함께 나서 '유신헌법개정청원 백만인 서명운동'을 시작하기도 했다. 특히 청원운동은 불과 한 달여 만에 30만 명의 서명을 모으며 엄청난 폭발력을 발휘했는데, 그 와중에 공화당 초대 당의장을 지낸 정구영과 사무총장을 지낸 예춘호가 탈당계를 내고 청원운동에 가담하면서 박정희 정권에 치명적인 압박을 가하기도 했다.

물론 유신헌법을 통해 제왕적인 권력을 손에 넣은 박정희가 가만히 앉아서 발만 동동 구를 리는 없었다. 헌법이 부여한 '긴급조치권'을 발동해 헌법개정청원운동의 주도세력들 대부분을 영장 없이 잡아 가두기 시작했으며, 크고 작은 간첩단 사건을 조작해 공포 분위기를 조성하거나, 직접 암살공작을 벌이기도 했다. 1973년에는 일본에 머물던 김대중을 납치해 동해에 수장시키려다 일본 해상자위대에 발각되어 실패해 외교 문제로 비화한 일도 있었고, 중앙정보부가 서울대생들의 유신반대 시위 배후를 조사하던 과정에서 서울법대 최종길 교수가 추락사하는 일도 있었다. 1974년에는 민청학련과 인혁당 사건을 조작해 천여 명을 조사하고 8명에게 사형을 판결한 뒤 하루 만에 집행하는 '법살(法殺)'을 저질렀다. 그 다음 해인 1975년에는 헌법개정청원운동을 주도했고 다시 한번 각계 인사들을 은밀히 규합하며 또 다른 저항운동을 주도하고 있던 장준하가 등산 중에 의문의 추락사를 당하는 일이 벌어지기도 했다.

아주 사소한 반항만으로도 '쥐도 새도 모르게' 혹은 '정당한 법의 이름으로' 죽임을 당할 수 있는 상황에서 모든 국민이 함께 행동한다는 것은 기대하기 어려운 일이다. 평범한 생활인들이 어깨 걸고 거리로 나서 총칼의 위협 앞에 서는 장면들이 그리 쉽게, 또 흔하게 나타나는 것은 아니다. 그런 것은 특별한 역사적인 계기와 환경, 그리고 현명하고 헌신적인 지도자의 선도적인 행동이 맞물릴 때 드물게 이루어지곤 한다. 정치인과 종교인과 예술인과 학자들, 그리고 학생들이 나서서 싸우다가 잡혀가고 고문당하고 죽임을 당하는 동안에도 세상은 크게 바뀌지 않았고 박정희 정권은 이제 철옹성이 되어가는 것처럼 보이기도 했다. 하지만 대중은 눈 감은 척하면서 모든 것을 보고, 못 들은 척하면서 모든 것을 기억한다. 정당한 저항과 부당한 억압의 과정들은 소극적이지만 폭넓은 단죄의 의지들을 쌓아갔고, 다시 한번 선거를 통해 세상을 움직이기 시작했다.

사실 1978년 제10대 국회의원 선거는 뚜껑을 열어볼 필요도 없었다. 유신헌법에서 국회 의석의 1/3은 박정희 대통령에게 99.9%의 지지를 보냈던 바로 그들 통일주체국민회의가 뽑도록 하고 있었기 때문이다. 게다가 각 선거구에서 2명씩 당선자를 뽑게 했기 때문에 대부분의 선거구에서 공화당의 후보가 낙선한다는 것은 상상하기 어려웠다. 하지만 그 무의미해 보이는 선거에 표출된 국민의 의지는 무서운 것이었다. 전국 득표율에서 야당인 신민당이 32.8%를 득표해 31.7%에 그친 공화당보다 오히려 1.1% 많은 표를 얻었던 것이다. 특히 서울에서는 신민당이 공화당보다 거의 두 배나 많은 표를 얻은 것으로 나타나기도 했다. 어차피 통일주체국민회의에서 지명하는 '유신정우회' 77석을 합하면 박정희가 자신의 친위세력 145명을 의원으로 만들어 전체 의석 231석의 60% 이상을 확보하는 데는 아무 이상이 없었지만, 정치적인 의미에서는 치명적인 패배였다. 야당의 득표율이 여당을 앞지른 것 자체가 사상 처음 있는 일이었기 때문이다.

그 지점에서 무릎을 꿇기엔, 박정희와 공화당 정권은 너무 멀리 와 있었는지도 모른다. 그들에게 남아있는 카드는 오직 '더욱 강력한 억압'뿐이었다. 그리고 그 카드의 결말도 한 가지뿐이었다. 더욱 거대한 저항과 비참한 최후.

부당한 폐업에 맞서 싸우다가 제1야당인 신민당사로 피신한 여성 노동자들을 폭력적으로 진압한 끝에 노동자 1명을 죽게 하고, 신민당 당직자들을 무참히 폭행한 'YH무역 사건'과 그 사건에 항의하던 신민당 총재 김영삼을 의원직에서 제명한 일, 그리고 그 일련의 사태에 항의하며 부산과 마산의 학생과 시민들이 일제히 들고 일어나자 (부마민주항쟁), 그 지역에 계엄령을 선포하고 군대를 동원해 무참한 폭력으로 짓눌렀던 일들이 모두 그렇게 막다른 길에 몰린 박정희 정권의 발버둥일 뿐이었다. 그러던 1979년 10월 26일, 안가에서 여가수와 여대생을 앉혀놓고 경호실장과 '시바스 리갈'을 마시며 '캄보디아에서는 300만을 죽였는데, 우리도 시위대 100만 명쯤 죽인다고 해서 문제 될 게 없다'거나 '필요한 상황이 오면 직접 발포 명령을 내리겠다'는 이야기를 주고받으며 양주를 마시다가 심복인 중앙정보부장의 권총을 맞고 쓰러진 것은 이미 대략적으로는 정해져 있는 이야기의 결말과도 같았다.

4

전두환 정권
(1980 ~ 1987)

박정희가 죽었다고 해서 유신체제의 잔당들이 순순히 물러날 리는 없었다. 하지만 박정희의 목숨과 무관하게 유신체제의 생명력 자체가 다하고 있었다는 점은 분명했다. 그래서 박정희의 죽음을 계기로 조금은 진전된 정치질서가 자리 잡을 수 있으리라는 기대마저 덧없는 것은 아니었다. 만약에 당장 민주세력이 정권을 잡지는 못한다고 해도, 그래서 공화당이 집권세력으로 남는다고 하더라도 초법적인 정치활동 규제와 자유, 인권의 억압이 제거되면 최소한 유신체제 이전으로 돌아갈 수는 있으리라는 것이 오히려 타당한 전망이었다. 하지만 하필 박정희가 살해당한 과정을 수사하는 권한을 가진 육군 보안사령관의 자리에 전두환이라는 야심가가 앉아있었고, 이미 그를 중심으로 정예병력을 동원할 수 있는 야전부대 사단장과 여단장의 자리에 앉아있던 육사 출신 일부 장성들이 '하나회'라는 사조직을 통해 결속한 채 무력행동을 단행할 충분한 준비를 하고 있었다는 점이 대한민국 민주주의의 불행이었다.

전두환은 보안사령관의 권한으로 박정희를 살해한 김재규를 체포한 것에서 그치지 않고, 그 관련자와 배후를 철저히 색출한다는 명분으로 육군참모총장과 국방부장관, 그리고 그들에게 동조하는 군 수뇌부들까지 모두 체포한 뒤 군부와 정부의 실권을 장악해버렸다. 발단은 달랐지만, 무려 18년 만에 재현된 또 한 번의 군사정변이었다.

하지만 이번에는 국민들의 반응이 달랐다. 18년 전과 같은 기대감은 없었다. 오히려 민주주의가 회복될 수 있다는 희망에 찬물이 끼얹어질까 두려워하는 마음이 번져갔다. 그리고 또 한 번 군사정권이 들어서게 방관할 수 없다는 결심도 더해졌다. 이번에는 무려 18년 동안보고 듣고 경험한 학습효과가 있었다. 해가 바뀌고 새 학기가 시작되자 대학생을 중심으로 유신헌법을 폐지하고 전두환 장군은 정치에서손을 뗄 것을 요구하는 시위가 확산되었고, 특히 5월 15일에는 서울역 광장에 10만 명 이상의 대학생과 시민들이 모여들어 계엄령을 해제하고 민주화의 구체적인 일정을 밝히라고 요구하기도 했다.

그 날 절정에 달했던 민주화 요구에 대해 정부도 고개를 숙이는듯했다. 곧 구체적인 민주화 일정을 밝히겠노라고 약속했고, 시위대가 안전하게 귀가하는 것도 보장하겠다고 약속했다. 시위대를 이끌던 총학생회장단은 일단 그 약속을 믿고 시위 중단을 결정하기로 했다. 군인들에게 쿠데타의 빌미를 줄 수 있는 폭력적인 충돌을 피하고, 잠시 사태의 전개를 관망하기로 했던 것이다. 훗날 '서울역회군'이라는 아쉬움 가득한 이름으로 불리게 되는 사건이었다.

하지만 이미 전두환에 의해 배후 조종되던 정부는 학생 지도자들보다 훨씬 전략적으로 움직였다. 일단 서울역에 모였던 시위대가 흩어지자마자 계엄령을 오히려 전국으로 확대 발령했고, 주요 정치인과 민주화 운동 관련자들, 학생회 간부들을 일제히 잡아들였다. 전두환 일파의 기습적인 반격에 지도부를 잃고 갈피를 잃은 민주화 운동 진영은 잠시 공황 상태에 빠져들었고, 전국의 학교와 광장들은 빠짐없이 총검과 진압봉으로 중무장한 계엄군들에 의해 완전히 장악되고 말았다.

그런데 문제는 광주였다. 서울과 달리 광주에서는 계엄 확대와 학생운동 지도부 예비검속에도 불구하고 민주화 요구가 수그러들지 않았고, 오히려 점점 더 다양한 시민들에게로 퍼지고 있었던 것이다. 심지어 계엄군들의 폭력적인 진압 때문에 목숨을 잃는 이들까지 나오자 분노한 더 많은 시민들이 힘을 합쳐 대항하기 시작했고, 결국 총을 든 계엄군들이 시민들의 몽둥이와 돌에 쫓겨 밀려나는 일까지 벌어지게 됐다.

시민들의 강력한 저항은 늘 압제자들을 곤혹스러운 선택의 길로 몰아넣게 된다. 전두환 역시 막다른 구석에 몰리게 된 셈이었다. 계엄군을 투입하고도 억누르지 못한 저항 앞에서는 두 손 들고 굴복하거나, 아니면 더 큰 폭력을 동원하는 수밖에 없었다. 전자라면 정치적 생명을 걸어야 하지만 후자라면 생물학적 생명까지 걸어야 했다. 하지만 불행하게도 전두환이 택한 것은 후자였다.

전두환과 신군부는 광주 시내로 들어가고 나가는 모든 길을 차단해서 철저히 고립시킨 뒤 바로 몇 해 전까지 베트남 전장에서 활약했던 특전사 정예부대를 투입해 무자비한 학살극을 벌이고 말았다. 훗날 공식적인 통계에만 의하더라도 500명 이상이 직간접적으로 목숨을 잃고, 70명 이상이 행방불명됐으며, 3,000명 이상이 부상을 당하는 끔찍한 참극이었다.

10 · 26에서 12 · 12사태, 5 · 17과 5 · 18. 그렇게 숨 가쁘게 이어진 과정을 통해 결국 전두환은 모든 저항세력을 분쇄했고, 최고 권력을 장악하는 데 성공했다. 하지만 이미 누구로부터도 마음속에서 우러나오는 박수를 받을 수 없는 욕된 등극이었다.

박정희와 꼭 같은, 하지만 그보다도 훨씬 더 잔인하고 끔찍한 방

통일주체국민회의에 의해 제11대 대통령으로 선출된 전두환 대통령 취임식의 모습

식으로 권력을 손에 쥔 전두환이 걸어가게 될 길도 이미 정해진 것이나 다름없었다. 그는 서둘러 별 네 개를 단 뒤 군복을 벗은 다음 유신헌법이 정해둔 절차대로 통일주체국민회의를 소집해 역시 2,525명 중 2,524명의 표를 얻어 제11대 대통령으로 취임했다. 박정희가 걸어갔던 방식대로, 박정희가 깔아놓은 길을 그대로 걸어서 세운 또 하나의 군사독재정권이었다.

하지만 박정희와 조금 다른 점도 있었다. 처음부터 손에 국민의 피를 묻히고 시작한 전두환은 박정희처럼 '민주주의자'의 흉내를 적극적으로 낼 필요는 없었기 때문이다. 박정희는 그나마 두 번의 비교적 형식을 갖춘 대통령선거를 거쳐 독재권을 확립했고, 그 뒤에도 다시 한번의 직선제 대통령선거를 경험한 뒤에야 '유신체제'라는 막다른 길에 들어서지 않았던가. 하지만 전두환은 처음부터 '유혈진압'과 '체육관선거'를 통해 권좌에 올랐고 더 이상의 타협은 없었다.

물론 '유신체제의 연장'이라는 비난을 피해가기 위해 헌법을 살짝 바꾸기도 했고, 몇몇 야당들의 활동을 허용하기도 했으며, 대통령선거에도 경쟁 후보들이 출마할 수 있도록 하기도 했다. 하지만 그 본질은 유신체제와 조금도 달라지지 않은 채 약간의 장식물들이 덧붙여진 것이었고, 그래서 훨씬 더 치밀하고 세련된 기술과 음모가 투입된 것이었다. 예컨대 통일주체국민회의가 폐지되긴 했지만 그 기능은 이름만 '대통령선거인단'으로 바뀌고 규모만 5,000명 이상으로 늘어난 채 이어졌고, 민주한국당과 한국국민당이라는 이름의 야당들이 생겨나긴 했지만 그것은 전두환 일파로부터 창당자금을 지원받고 막후조종을 받는 이른바 '관제야당'일 뿐이었다. 그 관제야당들이 내세운 대통령 후보들이 각각 약간씩의 표를 얻어감으로써 여당 후보의 득표율을 무려 10% 가까이나 떨어뜨리긴 했지만 전두환의 득표율은 여전히 90% 이상이었다. 전두환 시대의 한국정치는 마치 민주적인 선거인 것처럼 보이게끔 세심하게 신경을 써서 치장해놓은 유신체제, 그 이상도 이하도 아니었다.

1980년대 전반기 내내 한국사회는 평온하게 보였다. 심지어 활기가 도는 것처럼 보이기도 했다. 야간 통행금지제도가 사라지면서 '밤문화'가 살아났고, 뒷골목마다 살색 가득한 에로영화 포스터가 나붙어 오랜만에 제법 느슨한 분위기가 풍겼다. '국풍 81'이라는 축제가 열려 그 드넓던 여의도광장이 닷새 밤낮으로 흥청거렸고, 프로야구와 프로축구가 출범해 주말마다 전국의 공설운동장에 함성이 울려 퍼졌다. 9시 뉴스는 늘 전두환 대통령이 화사한 미소를 지으며 전국 곳곳 삶의 현장을 살피는 장면으로 시작했고, 얼마 뒤에는 올림픽과 아시안게임을 비롯한 굵직굵직한 국제이벤트의 유치 소식이 전해지기도 했다. '정치적 안정을 바탕으로 경제를 발전시키고 국제사회에서 위상을 끌어올리겠다는' 약속이 실제로 이루어지고 있는 것처럼 보이기도 했다.

물론 국민들이 그런 얄팍한 기만에 완전히 속고 있었던 것은 아니다. 하지만 전두환 정권의 채찍은 너무 끔찍했고, 당근은 너무 달

스탠드에 카드섹션으로 새겨진 전두환 대통령과 영부인 이순자 여사의 모습

콤했다. 죽음의 공포 앞에서 숨죽이는 것은 비겁한 것이 아니다. 그 것은 삶의 본능이고, 불가피한 선택일 뿐이다. 마찬가지로 잠시 쉬고 싶고, 즐기고 싶은 것 역시 죄가 아니다. 역사가 전진하는 것은 어떤 위협에도 굴하지 않고, 어떤 안락에도 한눈을 팔지 않는 초인들에 의 해서가 아니다. 누르면 눌리고, 막으면 갇히고 멀찍이 돌아서 흐르기 도 하면서 결국에는 정해진 방향으로 가는 냇물 같고 강물 같은 흔한 사람들에 의해서다. 잠시 땅속으로 숨어들었던 저항의 흐름은 1980 년대 중반부터 다시 땅 위로 올라오기 시작했다.

전두환 정권의 내리막길: 1985년 제12대 국회의원선거

—

1985년 2월 12일에 치러진 제12대 국회의원 선거는 전두환 정권의 정교한 통치기술이 언제까지나 통하는 것은 아님을 보여주었다. 그 선거를 앞두고, 앞서 전두환 정권 출범과 함께 만들어진 '관제야당'들과는 성격이 다른, 제대로 된 야당인 '신한민주당'이 창당된 것이 중요한 계기였다. 전두환 정권은 김영삼, 김대중을 비롯해 박정희 정권에 저항해온 대부분의 야당 정치인들을 감옥에 가두거나 집 밖으로 나오지 못하게끔 연금을 시키거나, 정치활동을 규제하고 있었다. 하지만 그 선거를 앞두고 대부분을 풀어줄 수밖에 없게 되는데, 그 가장 큰 원인은 바로 전두환 자신이 끌어들인 '외부의 눈'이었다.

애초에 출발부터 정통성과 거리가 너무 멀었던 전두환 정권은 일찍부터 나라 밖에 많은 공을 들였다. 미국의 승인과 지지를 얻기 위해 미국을 국빈 방문하는 데 사활을 걸었고, 교황과 미 대통령 같은 국제사회 거물들의 방한을 성사시켜 자신의 후광으로 삼는 데도 많은 노력을 기울였다. 세계야구선수권대회를 시작으로 올림픽과 아시안게임 같은 대형 국제스포츠 이벤트들을 서울로 유치하기 위해 정보역량과 자금력을 쏟아부었고, 끊임없이 동남아 각국을 비롯한 주변 나라들을 방문해 무수한 정상회담을 열어댔다. 해외 정상들과 나란히 선 모습을 통해 그 자신이 이 나라의 정상임을 입증하려 했고, 나라를 대표하는 자리에 서서 대표되는 국민들의 마음을 얻으려 했다. 그리고 세계 속에서 높아지는 국가의 위상을 확인시킴으로써 정권의 존재 이유와 가치를 인정받으려 했다.

그 무렵 중·고등학교에 다녔던 세대에게 전두환 정권은 무엇보다도 '외국인들의 시선에 많은 신경을 썼던' 것으로 기억된다. 그 많던 뱀탕집과 보신탕집이 모두 사라지거나 뒷골목으로 숨게 된 것도 바로 외국인들의 눈 때문이었고, 시내 거리마다 빽빽하던 노점상들을 하루아침에 쓸어낸 것 역시 외국인들의 눈 때문이었다. 초등학교마다 교과과정에도 없던 영어회화를 가르치기 시작한 것 역시 외국인 손님들을 편안하게 모시기 위한 것이었으며, 사소한 공중도덕이나 생활예절을 가르치는 순간에도 하나하나 '외국 손님들 눈에 부끄럽지 않기 위해'라는 명분이 붙곤 했다. 해마다 달마다 '해외순방을 마치고 돌아오시는 전두환 각하 귀국 환영 행사'에 동원되어 종로나 을지로 어디쯤 길가에 서 있다가 어느 순간 휙 하고 지나가는 검은 승용차 행렬을 향해 환호성을 지르는 것이 주말 방과 후의 일상이었던 것도 그 세대가 공유하는 기억이다.

하지만 문제는 그러는 사이에 외부의 시선에 점점 더 많은 영역이 노출될 수밖에 없게 됐고, 어쩔 수 없이 그들의 눈높이에 맞춰 조금씩이라도 상식적인 나라의 흉내를 내야만 하게 됐다는 점이다. 북한처럼 아예 장막을 치고 숨기로 작정한 것이라면 모르지만, 뉴스위크니, 뉴욕타임즈니 하는 해외의 유력 언론사들이 본격적으로 특파원들을 파견하고 무시로 한국의 정치 환경을 다루기 시작한 마당에 더 이상 제대로 된 야당의 존재를 허용하지 않는 정치과정을 어떻게 그대로 두고 버틸 수 있었겠느냐는 이야기다.

1983년 5월에는 김영삼의 가택연금이 해제됐고, 1985년 2월에는 미국에 머물던 김대중이 안전을 보장받으며 귀국했다. 김대중은 귀국과 동시에 가택연금됐고, 김영삼도 외출은 가능했지만 정치활동은 규제된 상황이었기에 그 두 사람이 직접 선거에 나설 수는 없었다. 하지만 그 두 사람을 제외한 대부분의 야당 인사들은 규제에서 풀려나 있었고, 그래서 김영삼과 김대중 두 사람을 따르고 그들의 뜻에 따라 움직이는 인사들에 의해 오랜만에 제대로 된 야당 '신민당(신한민주당)'이 조직될 수 있었다.

전두환은 새 야당의 첫걸음에 찬물을 끼얹기 위해 봄으로 예정됐던 국회의원 선거 일자를 2월 12일로 당겼다. 추운 계절을 택해 유세 열기를 끌어올리기 어렵게 만들 작정이었고, 개강하기 전이라 대학생들의 조직적인 행동도 견제할 수 있다는 계산이었다. 하지만 국민들은 오랜만에 경험하는 '선거다운 선거'에 적극적으로 참여했고 합동연설회장마다 '군사독재 끝장내자'라거나 '직선제로 개헌하라' 같이 정권의 아픈 구석을 찌르는 구호들이 울려 퍼졌다. 투표율도 1958년의 제4대 국회의원선거 이후 가장 높은 84.6%까지 치솟았다.

결과 역시 신민당의 완벽한 승리였다. 물론 선거구마다 2명씩을 당선시키고, 여당에 무조건 절반 이상의 전국구 의석을 몰아주는 불공정한 선거제도 때문에 야당이 원내 다수당이 된다는 것은 불가능한 일이었다. 또 몇 년씩 갇히고 묶여 있다가 풀려난 정치인들이 선거를 불과 한 달 앞두고서야 모여서 창당한 신생정당이었기에 후보자를 낼 수 있는 선거구도 제한되어 있었고, 그래서 전체 득표율을 끌어올리는 데도 한계가 있을 수밖에 없었다. 하지만 그럼에도 불구하고 신민당은 전국적으로 29%를 득표해 엄청난 관권과 금권과 부정을 등에 업은 채 35%를 받은 민정당과 전두환 정권의 간담을 서늘하게 만들었다. 그 선거를 통해 흔히 '2중대와 3중대'라는 조롱 섞인 별명으로 더 자주 불리던 관제야당 민한당과 국민당이 거의 궤멸해버렸고, 정국은 다시 전두환 정권과 신민당을 중심으로 한 민주화세력의 대결로 재편되어버렸다.

1985년 2월 12일의 선거로부터 1987년 6월 29일의 대국민항복선언까지는, 그런 의미에서 이미 정해져 있는 길이었다. 전두환 정권이 편승해온 유신체제를 더 이상 연장하는 것을 용납하지 않겠다는 국민의 뜻이 이미 분명하게 드러난 것이 2·12 국회의원선거였고, 그 뜻을 더 이상 억누를 수 없음을 정권 스스로 인정한 것이 6·29 선언이었기 때문이다. 다만, 그 사이 전두환 정권이 호헌을 선언하고, 최루탄과 물고문과 성고문을 동원하며 버티는 과정이 있었고, 그 저항을 뚫기 위해 박종철과 이한열의 목숨을 잃어가며 수백만의 시민이 거리로 나서는 수고와 비극이 추가되었을 뿐이다. 그래서 독재자의 헛된 저항은 국민의 생명을 소모하며 정해진 것을 확인하는 잔인한 미련일 뿐이다.

5

항쟁의 시대,
보통사람의 시대
: 제13대 대통령 선거 (1987)

1987년 6월 29일, 민주정의당 대표위원 노태우가 '국민대화합과 위대한 국가로의 전진을 위한 특별선언'이라는, 다소 장황한 제목이 달린 선언문을 발표했다. 내용의 핵심은 야당과 시민들의 요구대로 그해 안에 헌법을 개정해 대통령 직선제를 도입하고, 김대중을 비롯한 시국사범들을 석방하고 사면해서 자유롭고 공정한 경쟁을 보장하며, 인권을 신장시키기 위한 여러 조치를 시행할 것을 전두환 대통령에게 건의하겠다는 것이었다. 그리고 그 건의가 만약 받아들여지지 않는다면 자신이 여당의 대표위원직(당시에 여당의 총재는 전두환 대통령이 겸임하고 있었고, 노태우는 대표위원이라는 이름으로 당무를 총괄하고 있었다)을 사퇴하겠다는 결심을 밝히기도 했다. 물론 그런 종류의 선언이 전두환 대통령과의 교감 없이 나왔으리라고 믿는 이는 거의 없었다.

전두환 정권은 비판하고 반대해야 할 것이 너무나 많은 상대였다. 군사정변과 광주 학살의 책임도 물어야 했고, 불공정한 선거제도의 개정도 요구해야 했다. 국민의 기본권을 제한하는 여러 법률, 그리고 법의 한계를 뛰어넘어 간섭하고 규제하고 억압하는 온갖 폭력적인 관행들에 대해서도 하나하나 비판하고 바로잡아야 했다. 하지만 그렇게 하나하나 고쳐갈 수 있는 대의제도가 모두 망가져 버린 데다가 언론, 출판, 집회, 결사의 자유마저 봉쇄된 상황에서는 목소리를 하나로 모으는 방법밖에 없었다. 그리고 12대 국회의원선거를 거치면서 그 목소리는 '직선제 개헌'으로 집중되었다. 대통령을 국민의 손으로 직접 뽑아야 한다는 요구는 단순한 제도개선의 제안이 아니라 전두환 정권에 대한 모든 비판과 민주주의에 대한 열망을 담은 압축적이고도 상징적인 표현이었다.

하지만 전두환은 1987년 4월 13일에 '남은 시간이 촉박하고, 올림픽 개최라는 중대사가 남아있다'는 핑계를 대며 개헌은 다음 정부에 넘기겠다는 대국민담화를 발표했다. 이른바 '4 · 13호헌조치'였다. 결국 다음 대통령도 그대로 체육관에서 선거인단을 통해서 뽑겠다는 이야기였다. 국민들의 억눌린 열망이 끓어오르고 있던 그 시점에서 호헌 선언이란 국민에 대한 선전포고나 다름없었다.

다음 날부터 김수환 추기경을 비롯한 각계 인사들의 '호헌 비판 시국선언'이 쏟아져나왔고, 대학생들의 시위도 격화됐다. 그 와중에 1월에 치안본부 대공분실에 연행되어 조사를 받다가 심장마비로 사망했다고 발표되었던 서울대생 박종철의 사인이 사실은 물고문을 비롯한 잔혹한 고문 때문이었다는 사실이 밝혀졌으며, 그 죽음에 항의하던 연세대생 이한열이 시위 현장에서 최루탄을 맞고 뇌사 상태에

빠지는 사건이 겹쳐서 일어났다. 두 학생의 죽음에 대해, 그리고 그들을 죽여가면서까지 민주주의 회복을 가로막고 버티는 정권에 대해 항의하기 위해 연일 수십만의 시민들이 거리로 쏟아져 나왔다. 대학생 500여 명이 명동성당에서 사제들의 보호를 받으며 농성을 벌였고, 6월 26일에는 하루 동안에만 전국적으로 100만이 넘는 시민들이 시위를 벌여 곳곳에서 고립된 경찰들이 무장해제를 당하기 시작했다. 전국 각지에서 수십 곳의 파출소가 돌과 화염병에 초토화됐고, 왜곡된 방송을 내보낸 KBS와 MBC의 보도 차량들이 뒤집히고 불태워졌다. 1979년 겨울 무렵 박정희 정권이 그랬듯, 전두환 정권 역시 막다른 길에 몰리고 있었다. 이젠 선택을 하는 수밖에 없었다. 집권하는 과정에서 그랬듯 다시 한번 군대를 동원해 짓밟을 것인가, 아니면 굴복할 것인가.

정권의 태생이 그랬듯 이번에도 유혈진압의 방안이 심각하게 검토되었다. 6월 18일 밤, 청와대 대책회의에서 전두환은 계엄령 선포와 군부대 투입을 통한 진압을 준비하도록 지시했고, 이튿날인 6월 19일엔 청와대에서 군 지휘관회의를 소집해 진압작전을 위한 부대 배치 명령까지 하달했다. 보병 4개 사단과 특전사 6개 여단, 그리고 해병대와 특공부대 각 2개 연대가 차출되는 엄청난 규모였다. 진압작전이라기보다는 전 국민을 상대로 한 전쟁에 가까웠다.

하지만 그 계획은 실행될 수 없었다. 1980년 5월과 달리 이번에는 군대를 투입한다면 서울이어야 했고, 그렇다면 광주처럼 고립시키고 은폐한다는 것은 불가능한 일이었다. 그동안 공들여온 국제사회에서 다시 한번 매장당할 각오도 해야 했다. 물론 그 모든 것을 감수하고도 진압이 성공할 수 있을지 역시 미지수이기도 했다. 아니, 사실 합리적으로만 판단한다면 승산이 별로 없었다. 그런 사정에 대해 전두환보다는 객관적으로 판단할 수 있었던 야전부대의 지휘관 중에서도 재고를 요청하는 이들이 적지 않았다. 그리고 무엇보다도 정보를 미리 입수한 미국이 반대의 뜻을 분명히 전달해왔다. 그럼에도 무력진압을 강행한다면, 최악의 경우에는 군 내부에서 총구를 거꾸로 돌리는 이들이 나올 수도 있었고 주한미군과 맞서는 상황을 만날 수도 있었다. 결국 전두환도 뜻을 꺾을 수밖에 없었다.

하지만 무릎을 꿇긴 하더라도 그냥 백기 투항할 수는 없었다. 전두환 자신의 스타일도 너무 구길 수는 없었고, 정권 구성원들의 안전도 보장받아야 했다. 그리고 가능하다면, 정권의 수명 역시 계속 이어갈 가능성을 남겨야 했다. 그래서 전두환 대통령이 아닌 차기 대통령 후보 노태우가 건의하는 형식을 빌렸다. 그럼으로써 노태우는 직선제 개헌과 민주화에 작은 공로를 주장하며 숟가락을 얹을 수 있게 됐고, 그것은 직선제 대통령선거에서 커다란 무기가 될 수 있었다. 그리고 전두환은 그 건의를 받아들이고 '허락하는' 형식을 통해 직접 국민 앞에 무릎 꿇는 망신을 피해갈 수 있었고, 또한 직접 임기를 연장하는 무리수를 거듭했던 전임자 박정희와 그나마 차별화할 수 있었다. '평화적 정권 이양'을 한 최초의 대통령이라는 것은 그 무렵부터 전두환의 유일한 자랑이자 생명줄 노릇을 했다.

어쨌거나 전두환은 즉시 건의를 받아들인다는 발표를 내놓았고, 여당과 야당이 각각 4명씩 참여하는 정치회의를 열어 헌법개정안을 만들었다. 그리고 4개월 뒤인 10월 27일에 국민투표에 부쳐져 78.2%의 참여율과 93.1%의 찬성률로 가결되어 9차 개정헌법으로 확정되었다. 핵심은 대통령을 직선제로 뽑는 것과 5년 단임제로 정한 것, 그리고 대통령과 국회와 대법원의 추천으로 구성하는 헌법재판소를 설치하는 것 등이었다. 물론 너무나 짧은 시간 안에 개정헌법안이 만들어졌고, 개정작업을 맡은 정치인들의 전문성과 정치적 상상력의 한계 때문에 성 평등을 비롯한 기본권 신장을 위한 세밀한 고려가 부족했다는 한계는 명확하다. 하지만 그럼에도 9차 개정헌법은 한없이 탈선해가기만 하던 대한민국의 정치제도를 민주주의라는 범주 안으로 확실히 되돌려놓았다는 점 또한 분명하다. 5·16군사정변 직후부터 꾸준히 더럽혀지고 훼손되기 시작해 결국에는 '유신헌법'이라는 희대의 오물로까지 전락했던 대한민국의 헌법이 비로소 민주주의라는 가치의 틀 안으로 돌아온 역사적인 순간이었다.

보통사람들의 위대한 시대
—

제정된 이후 9번째 개정을 거쳐 반포된 대한민국 헌법 제10호의

규정에 따라 치러진 첫 번째 선거가 바로 1987년 12월 16일의 제13
대 대통령선거였다. 전두환의 육군사관학교 동기생이자 일찍부터 정
권을 이어받을 후계자로 지목받아온 신군부의 핵심 노태우가 민주정
의당의 후보로 나섰고, 직선제 개헌을 쟁취하기 위해 어깨를 나란히
하고 싸워온 김영삼과 김대중이 각각 통일민주당과 평화민주당의 후
보로 등록했다. 그 밖에 박정희 정권의 잔당세력을 규합한 김종필이
신민주공화당을 창당해 역시 후보로 나섰다. 언론에서 흔히 그 선거
를 가리켜 '1노 3김'의 대결로 표현하게 된 내력이다.

노태우가 내세운 캐치프레이즈는 '보통사람들의 위대한 시대'였
다. 그리고 그는 유세 때마다 '나, 이 사람 보통사람, 믿어주세요'가
유행어가 될 만큼 반복해서 외쳤다. 그런데 전혀 군인답지도, 여당후
보답지도 않은 그 캐치프레이즈와 구호가 의외의 성공을 거두었다.

대한민국 정치군인의 원조 격인 박정희는 선거 때마다 황소를 상
징물로 썼고, '황소처럼 일하겠다'고 약속했다. 저돌적인 추진력과 힘
을 과시하는 전략이었고, '성과'를 미끼로 삼아 군사정변과 독재정치
에 대한 옳고 그름의 논쟁을 넘어서기 위한 계산이었다. 두 번 선거
에 출마해 당선되기는 했지만 한번도 국민들을 향해 직접 호소할 필
요가 없었던 전두환의 경우에는 특별한 선거구호가 없었다. 하지만
그 역시 임기 내내 '정의사회구현'이라는 거창한 구호를 외쳐댔었다.
역시 정당성 없는 집권과 통치과정에 대한 모든 비판과 시비를 간단
히 넘어서는 '정의'라는 초월적인 이념을 세우고, 스스로 정의의 사

도가 되어 정부가 제시하는 바른길을 벗어나는 온갖 폭력배와 부랑아와 제멋대로의 학생, 기자, 정치인, 종교인들에게 국가 차원의 매질과 정신교육을 베풀었던 것이다. 배고픔의 문제를 해결하겠다는 약속과 정의를 구현하겠다는 선언의 차이는 있었지만, 박정희와 전두환은 모두 그것을 이룰 수 있는 강력한 힘을 가진 유일한 존재가 바로 자신이며, 그런 이유로 자신이 권력을 쥐는 것은 불가피하다고 국민들을 윽박질렀던 것이다.

하지만 노태우가 택한 전략은 그것과 상반된 것이었다. 그는 친히 천상의 권좌에서 내려와 국민 곁에 섰고, '나 역시 당신들과 다르지 않다'고 속삭였다. '위대함'과 '훌륭함'이 아닌 '친근함'을 내세워 득표활동에 나선 최초의 여당 후보가 바로 노태우였다.

노태우에게 그 선거는 그야말로 위기인 동시에 기회였다. 6·29선언을 내놓지 않을 수 없게 했던 수많은 우여곡절이 아니었다면, 그는 편안히 체육관 안에서 90% 안팎의 정해진 지지율로 추인받는 형식적인 절차만을 거친 뒤 대통령 자리에 오를 수 있었을 것이다. 하지만 6·29선언이라는 내키지 않는 정치공연에 나서야 했던 그는 결국 2천만에 이르는 유권자들을 향해 직접 지지를 호소하고 선택받아야 하는 불확실한 상황 앞으로 끌려 나와 있었다. 더구나 6월 항쟁 동안 국민의 맞은편에 서 있었던 노태우가 그들의 지지를 얻는 일이 만만치 않으리라는 것은 상식에 속했다. 직선제 개헌을 위한 국민투표에 참여해서 찬성표를 던졌던 무려 1,864만 명의 유권자들이 잠재적으로는 노태우에 대한 반대 세력이라고도 볼 수 있었기 때문이다.

하지만 만약 그렇게 조금 더 어려워진 조건을 극복하고 당선되기만 한다면, 자신에게 지워져 있던 한계를 벗고 명실상부한 대한민국 최고 권력자의 자리에 오를 수 있는 기회이기도 했다. 만약 6월 항쟁이 성공적으로 진압됐고, 그래서 그대로 체육관선거를 통해 대통령에 올랐다고 해도 그가 국정의 실권을 장악할 가능성은 높지 않았기 때문이다. 정권의 창업자인 동시에 정권 구성원 대부분에 대한 직간접적인 영향력을 가진 전두환이 대통령직에서 물러난 뒤에도 군과 정보라인과 자금에 대한 장악력을 바탕으로 상왕통치를 할 가능성이 매우 높았다.

노태우 대통령의 '보통사람과의 대화' 참석 모습

'보통사람'이란 단어에는 철권통치자가 되고 싶어도 될 수 없는, 하지만 그보다 더 안정적인 선출권력의 주인이 되고자 하는 의지가 담겨 있었다. '나는 특별한 사람도 아니고, 강한 사람도 아니다. 당신들과 똑같은 보통사람이다. 하지만 나를 선택해준다면 보통사람들도 특별한 대우를 받는 세상을 만들어주겠다'라는 달콤한 메시지에 담긴 그의 속내였다.

또 하나, '보통사람'이라는 말에는 '욕심 없는 소탈한 사람'이라는 분위기가 실려 있었다. 물론 국민의 격렬한 저항에 의해 정권이 통째로 붕괴할 위기에 몰리지만 않았다면 6 · 29선언을 통해 직선제를 수용하는 일은 결코 없었을 것이다. 하지만 노태우로서는 '나는 욕심이 없는 사람이기 때문에, 가만히만 있으면 체육관 선거를 통해 쉽게 당선될 수 있는 길을 스스로 포기하고 직선제 개헌을 수용했다'고 강변하는 수밖에 없었다. '보통사람 노태우'라는 캐치프레이즈가 함의하는 것은 '정의사회 구현과 올림픽의 성공적인 개최를 위해' 보다 강력한 권력기반을 가져야 한다고 선전했던 전두환과 '조국의 근대화와 통일을 위해' 조금 더 집권해야 한다고 했던 박정희, 혹은 '조국과 민족을 위해' 종신대통령이 돼야 한다던 이승만과 완전히 결이 달랐다. 무슨 일이 있더라도, 말도 안 되는 반칙과 편법을 동원해서라도 꼭 권력을 움켜쥐어야만 하는 거대한 이유와 명분을 설명하던 전임자들과 달리 그는 그저 '여러분과 똑같은 사람'을 자처하며 힘을 뺐다. 이유가 있었다. 끝내 단일화에 실패한 채 동시에 선거에 나설 것이 분명한 김영삼과 김대중, 야권의 두 후보에게 '권력욕에 눈이 먼 자들'이라는 굴레를 씌우기 위해서였다. 소탈하고 욕심이 없어 편하게 대통령이 될 수 있는 길마저 포기하고 양보하는 노태우와 국민적인 여망을 안고 직선제 개헌을 쟁취하자마자 분열해서 이전투구를 벌이는 권력욕의 화신 김영삼, 김대중의 대결. 노태우의 선거 프레임은 정교했고, 정확했다.

사실 유약한 이미지는 노태우의 트레이드마크와 같았고, '물태우'라는 별명도 늘 그를 따라붙는 꼬리표였다. 그는 체구가 컸지만 얼굴의 선이 부드러웠다. 코는 컸지만 날카로운 맛이 없이 뭉툭했고, 커다란 귓불도 유비나 부처님을 연상시키는 장치 역할을 했다. 또한 눈꼬리도 처져 있었고, 대구 말씨가 바탕이 된 말투 역시 부드러워서 독하고 강한 인상과는 영 거리가 멀었다. 실제로 그는 군사정변을 감행해 정권을 탈취하는 과정에서 직접 자신이 지휘하던 전방사단의 전투 병력을 동원하기까지 한 야심 가득한 정치군인답지 않게 유순한 성격을 가진 인물로 널리 알려져 있었다. 그리고 그런 유약한 이미지는 그가 늘 동기생인 전두환에게 끌려다니게 만든 약점이기도 했지만, 다른 한편으로는 결국 '노태우를 대통령에 앉힌다면, 계속 영향력을 유지하는 데 무리가 없겠다'는 판단을 내린 전두환으로 하여금 자신의 후계자로 낙점하게 한 중요한 요인이 되기도 했다.

선거에서 그는 그런 유약한 이미지를 가리고 부정하기보다는 적극적으로 활용하는 편을 택했다. 그는 선거 유인물에 자신의 모습을

실제보다도 더 유순하고 둥글둥글한 이미지로 그려 넣었고, 특히 그의 큰 귀를 과장되게 그려 국민의 목소리를 듣는 모습을 담은 캐리커처를 만들기도 했다.

그가 제시한 공약들 역시 '더 큰 권력'을 요구하기보다는 '더 많은 분권'을 지향하는 쪽이었다. 중간평가나 지방자치제도에 관한 공약이 대표적이었다. 1961년에 지방자치제가 중단된 이래로 모든 선거에서 '여당의 기본 표가 30%'라는 말이 상식으로 통했던 가장 큰 이유는 주민들에 의해 선출되지 않고 대통령에게 임명받아 부임하던 관선 자치단체장들이 그대로 여당의 선거운동원으로 기능하곤 했기 때문이었다. 그런데 노태우는 지방자치제를 부활시키겠다는 공약을 내놓았고, 그것은 그대로 집권세력의 강력한 무기 하나를 내려놓겠다는 의미로 통했다.

당선된다면 임기 중반에 중간평가를 받고, 신임을 얻지 못한다면 임기를 중단하겠다는 약속도 울림이 컸다. 특히 김영삼, 김대중 두 야권 후보 중 한쪽을 열렬히 지지하던 이들에게도 노태우의 중간평가 공약은 묘하게 스며드는 면이 있었다. '혹시 노태우가 당선되더라도 2, 3년 안에 끌어내릴 수 있다면, 다른 야당 후보를 당선시키는 것보다는 노태우가 되는 쪽이 오히려 차선책이 될 수도 있겠다'는 생각을 해볼 수도 있게 만들었기 때문이다.

야당의 분열

—

물론 모든 전략의 성패 이전에 노태우의 당선을 가능하게 했던 가장 큰 요인은 야권의 분열, 즉 김영삼과 김대중 두 야권 후보가 동시에 출마한 것이었다. 아무리 다수의 국민이 군사독재정권의 종식과 민주주의 체제의 회복을 원하고 있었다고 하더라도 그 힘이 둘로 나뉘어 절반씩으로 줄어든다면, 냉전적 사고를 가진 이들과 관권, 금권의 힘으로 모을 수 있는 여당표의 수를 넘기 어렵다는 것이 당시에도 국민들의 상식이었다. 그럼에도 불구하고 두 명의 후보가 끝내 단일화를 포기하고 각자 끝까지 완주하게 된 이유는 둘 중 하나로 설명할 수 있다. 단일화를 하지 않고 표가 갈라지더라도 혼자 힘으로 당선될 수 있다고 생각했거나, 혹은 단일화를 하지 않더라도 '될 사람을 밀어주자'는 유권자들의 합리적 판단에 의해 자연스레 한쪽으로 표가 몰릴 것이라고 기대했으리라는 것이다. 그리고 실제로 두 후보의 진영에서는 그런 생각들을 하고 있었다.

김대중의 참모 한화갑이 고안해낸 '4자 필승론'은 전자에 해당한다. 호남 출신 후보는 김대중 한 사람뿐이지만 영남에서는 김영삼(경남)과 노태우(경북) 두 명의 후보가 나왔고, 전통적으로 여당이 강세를 보여왔던 충청 지역에서도 김종필이 출마했기 때문에 호남 지역표를 독식하고 비호남 지역의 민주화운동 지지표를 더하면 김대중의 당선이 유력하다는 논리였다. 두 야당 후보의 단일화가 이루어진다면 더 좋겠지만, 그렇지 않더라도 지역 구도상 김대중의 당선에는 문제가 없다는 주장이었던 셈이다.

반면 김영삼 진영의 생각은 후자의 편에 방점이 찍혀있었다. 결국에는 군사정권의 연장을 원하지 않는 유권자들이 누구를 찍어야 할지 합리적으로 판단하리라는 예상이었고 그 합리적 선택의 대상은 당연히 김영삼 자신일 수밖에 없다는 주장이었다. 호남 출신인 데다가 사상적으로 너무 급진적이라는 의심을 받는 김대중에게 거부감을 가진 영남 유권자들이 많지만 반대로 호남 유권자들은 광주민주화운동 유혈진압에 대한 항의의 뜻으로 36일간 목숨을 건 단식투쟁을 벌이기까지 했던 자신에 대해 거부감을 가지고 있지 않기 때문에 영호남을 포함한 전국 유권자들을 아우를 수 있는 자신이 결국 대통령이 되리라는 것이 김영삼의 생각이고 주장이었다.

하지만 두 가지 논리 모두 의도된 것이건 아니건 간에 지나친 아전인수식 해석을 바탕에 깔고 있었고, 결정적인 허점을 안고 있을 수밖에 없었다. 우선 '4자 필승론'은 영남이든 호남이든 갈라지는 건 야당지지표일 뿐이고, 여당지지표가 갈라지는 것은 아니라는 점을 간과했거나 애써 외면했다. 출신 지역 이전에 유권자의 정치적 선택을 결정하는 더 중요한 요인이 정치적 견해와 약속에 대한 동의라는 점은 자명한 것이고, 어떤 다른 변수에도 흔들리지 않을 약 30% 안팎의 수구적인 지지층이 노태우 후보 측에 집결해있다는 사실 역시 누구나 알고 있었다. 더군다나 민중항쟁이라는 극적인 과정을 거쳐 직선제 개헌을 허용한 상황이었기에 그들은 어느 때보다도 큰 위기감을 느끼며 결속하고 있기도 했다. '4자 필승론'은 결국 김대중 후보 측이 김영삼 후보 진영을 향해 외쳤던 '절대 포기할 수 없는 이유' 이상의 기능을 하지 못한 채 두고두고 회자되는 역사적인 우스갯거리가 되고 말았다.

또한 '유권자들의 합리적 선택에 의한 자연스러운 단일화'라는 것역시 비현실적인 이야기였다. 당시에는 여론조사가 지금처럼 발달하지 못했을 뿐 아니라 여론조사 결과 공표행위 자체가 금지되어 있었기 때문이다. 물론 여론조사의 시행과 공표가 가능했다고 하더라도 아직 그때까지의 대한민국은 '누군지도 모를 대상에게 함부로 자신의 정치적 소신을 솔직하게 말한다는 것이 가능하지 않은' 나라였다. 그것이 어느 정보기관의 함정이거나 정보수집공작이 아니라는 보장을 누가 해줄 수 있었다는 말인가.

선관위의 제지에도 불구하고 각 후보 진영에서 자체 여론조사(그 무렵에는 '모의투표' 혹은 '모의대선'이라고 불리는 경우가 더 많았다) 결과를 담은 유인물을 뿌려대기도 했지만, 그 내용은 대개 '서울지역 6개 대학생 200명을 대상으로 한 여론조사에서 아무개 후보가 과반수 이상인 155표의 지지를 받았다'는 식의 조악하고 자의적인 것들이었다. 그 시대에 판세의 흐름을 읽을 수 있는 것은 안전기획부의 보고를 받는 대통령과 여당 후보뿐이었다.

여론조사를 통해 대략적이나마 객관적인 판세의 흐름을 조망하는 것이 불가능했던 시대에, 각 후보는 자신이야말로 '대세'라는 점을 입증하기 위해 각기 조금이라도 더 많은 청중을 유세장에 모으는 데 사활을 걸었고, 결국 노태우와 김영삼, 김대중 세 후보가 모두 각기 광활하던 여의도 광장에 100만 명 이상의 군중을 불러내는 기염을 토하기도 했다. 그리고 그런 선거운동의 환경과 방식은 지역주의라는 또 다른 괴물을 불러내는 토양이 되고 만다.

지역주의

—

'여론조사가 오히려 민의를 왜곡한다'는 비판과 우려는 21세기 정치과정이 제기하는 중요한 과제다. 여론조사가 특정한 의도에 따라 질문의 뉘앙스를 조금 바꾼다거나 선택 항목을 늘리고 줄이는 식의 간단한 조작만으로도 결과가 왜곡될 수 있다는 점, 그리고 의도적인 왜곡이 없다고 해도 실제 그것이 가져도 되는 신뢰도 이상의 신뢰를 받음으로써 거꾸로 정치적 선택에 영향을 미칠 수 있다는 점에 대해 깊은 반성과 연구가 필요하다. 하지만 그것이 가지는 긍정적 기능은 거꾸로 그것이 존재하지 않던 시절에 대한 탐구를 통해 확인할 수 있다.

여론조사가 개입할 수 없었던 1987년 제13대 대통령선거에서 각 후보가 자신의 위상을 증명하기 위해 사용할 수 있는 가장 결정적인 방법은 유세현장에 가장 많은 지지자를 모으는 것이었고, 유권자들이 자신이 지지하는 후보를 위해 할 수 있는 가장 적극적인 실천 또한 유세현장에 나가 열광적인 호응을 보내주는 것이었다. 그렇게 막막하고 절박한 상황 속에서 정치인과 유권자들이 서로 최선을 다하는 가운데 나타난 달갑지 않은 부산물이 바로 '지역주의'였다.

지역주의의 연원 혹은 원인에 대해서는 사람마다 여러 가지 설명을 내놓는다. 멀리는 고려의 태조 왕건의 유언 '훈요십조'에 호남지방의 자연과 인심이 모두 배역(背逆)하므로 그 지역의 인재를 등용하지 말라고 했던 대목에서 비롯됐다는 이도 있고, 조선 시대 임진왜란 직전에 불거진 정여립의 모반 사건 때 수백 명의 호남 출신 선비들이 숙청됐던 일에서 그 근원을 찾는 이도 있다. 그리고 조금 가깝게는 1971년 대통령선거 때 상대적으로 유권자가 많은 영남 지역에서 중앙정보부 요원들이 '호남인이여, 단결하라'라는 벽보를 붙이는 역공작을 벌인 일이나, 당시 국회의장 이효상 같은 정치인들이 '호남 사람들이 영남의 대통령 자리를 빼앗아가려 한다'고 지역감정에 호소하는 연설을 했던 일들을 그 시초로 보기도 한다.

하지만 '자극'만이 아니라 '자극에 대한 반응'까지 나타나야만 어떤 현상이 시작된다고 말할 수 있다. 1971년에도 중앙정보부의 지역감정 자극 전략이 어느 정도 성공을 거두었고, 박정희에게 '경상도 대통령'이라는 조롱이 따라붙기 시작한 것도 사실이지만, 그것은 그야말로 의식이 낮고 귀가 얇은 일부의 부화뇌동을 노린 얄팍한 전술 이상이 아니었다. 1987년 이전까지의 어떤 선거에서도 후보의 출신 지역이 가장 결정적인 승패 결정요인으로 작용한 예는 없었다. 각 지역의 유권자들이 다른 지역 출신 후보나 유권자들에 대한 적대감과 대결의식을 가지고 전략적으로 투표에 임하는 정치적 지역주의는 1987년 대통령선거 유세 과정에서 비로소 등장했다고 봐야 한다.

8, 90년대에 서로 이웃한 남자 고등학교들이 소풍 날짜가 겹치지 않게 조율하는 것은 드물지 않은 일이었다. 같은 날에 소풍을 가게 되고 그곳에서 학생들끼리 섞이게 되면 종종 학교 대항으로 패싸움

이 벌어지곤 했기 때문이다. 그런 패싸움은 어떻게 시작되었을까? 가장 흔한 것은 '저 학교 1학년생이 우리 학교 2학년생에게 욕을 했다'거나 '우리 학교 1학년생이 저 학교 2학년생에게 빰을 맞았다'는 소식 혹은 헛소문이다. 그것이 입에서 입으로 전달되며 순식간에 1년 내내 한번도 느낄 수 없었던 애교심 비슷한 집단적 정체성이 생기고, 동시에 상대 학교에 대한 분노가 불붙곤 한다. 그러면 평소에 주먹질이라고는 남의 일로 알고 살던 샌님이나 모범생들까지도 팔을 걷고 나섰고, 고궁이나 공원의 구석진 곳에서 수십 명이 뒤엉켜 몇 놈은 코피가 터지고 머리통이 깨지는 살풍경으로 이어지곤 했던 것이다.

1987년 10월 21일 전남 광주의 송정시장에서 선거운동을 벌이던 노태우 민정당 후보를 향해 어디선가 사과탄이 날아들었다. 원래 공식적으로는 KP-25라는 분류명을 가졌지만 '사과탄'이라는 이름으로 더 흔하게 불렸던 그 물건은 사과만한 크기의 최루탄으로, 전투경찰이 휴대하다가 손으로 던져 시위대를 해산시키는 시위 진압장비다. 하지만 80년대 내내 너무나 많은 시위 현장에서 너무나도 많은 사과탄이 사용되었고, 시위에 참여했던 학생이나 시민 중에서도 하나씩 주워서 보관하는 이들이 드물지는 않았다. 당시로서는 꼭 경찰이 아니라도 제법 많은 사람이 가지고 있던 흔한 물건이었던 셈이다. 어쨌든 그 날 유세현장에 사과탄이 터지면서 후보와 시민들이 모두 혼비백산해 흩어지는 일이 벌어졌다.

하지만 그 일이 연쇄적인 유세장 폭력사태의 시발점이 된 것은 아니었다. 꼭 지역감정이 아니라도 광주 시민들이 노태우를 거부할 이유는 많았기 때문이다. 당장 그곳 송정시장 상인 중에도 5·18민주화운동에 참여했거나 당시에 희생당한 이를 가족으로 둔 이들이 적지 않았으리라는 점은 노태우 후보 본인부터 잘 알고 있는 사실이었다. 하지만 똑같은 일이 또 다른 곳에서 또 다른 방향으로 나타났을 때 문제는 다른 차원으로 비화했다.

열흘 뒤인 11월 1일에는 부산 수영만에서 유세를 마친 김대중 후보가 묵고 있던 국제호텔로 300여 명의 청년이 난입해 현관을 부수며 난동을 부렸고, 그 날 저녁 뉴스를 통해 대대적으로 보도되었다. 그 뒤로 수십 년간 최악의 정치악폐로 손꼽히는 지역주의의 방아쇠가 당겨지는 순간이었다. '우리 학교 학생이 저쪽 학교 학생이 던진 돌에 맞았대'라는 속삭임이 영남과 호남 시민들 가슴에서 가슴으로 훅 번진 것이다.

사흘 뒤인 11월 14일 광주에서 유세를 벌이던 김영삼 후보를 향해 돌멩이가 날아들었고, 선거홍보물들이 끌어 모아져 불타올랐다. 이튿날인 15일 대구 두류공원에서 열린 김대중 후보의 연설회에서도 똑같은 일이, 더 심한 형태로 재연되었다. 같은 달 29일에는 노태우 후보가 광주에 내려갔다가 역시 똑같은 장면들을 연출하고 돌아섰다. 노태우와 김영삼은 호남에서, 김대중은 영남에서 각각 돌과 계란 세례를 받고 쫓기듯 유세장을 빠져나가는 장면이 거의 매일 뉴스 화면을 통해 끝도 없이 반복 재생됐다. 영남과 호남 출신 야당 성향

표밭이 매일매일 크고 깊게 갈라지고 깨져나가는 순간이었다.

정권 연장을 위한 확실한 방법으로써 정권 핵심의 구상과 정보기관의 공작을 통해 꾸며진 일이었을까? 심증은 넘치지만 물증은 충분하지 못하다. 물론 그렇지 않았다고 해도 일어날 수 없었던 일은 아니다. 적전분열한 아군은 적군보다도 미운 것이 인지상정이고, 김영삼과 김대중 후보의 열혈지지자들 상당수가 끝내 양보하지 않고 버티는 상대 진영을 증오하고 있었던 것 역시 사실이기 때문이다. 거기에 신군부 핵심 노태우를 향한 광주시민들의 증오심 역시 언제라도 고삐만 풀리면 돌과 사과탄이 아니라 총이라도 쏘고 싶을 만큼 날카로운 것이었다. 영남과 호남 사람들 사이의 편견과 질시는 그야말로 기원이 고려 시대일지 삼국 시대일지 알 수 없을 만큼 뿌리 깊은 것이었고, 박정희와 전두환 정권 20여 년간 노골적인 영남 편중의 개발 과정을 지켜보며 점점 사회경제적인 갈등으로까지 비화하고 있던 터이기도 했다.

어쨌든 제각각 여러 방향으로 끓어오르던 격정과 분노는 갑자기 돌출한 지역감정을 연료 삼아 불타올랐고, 영남과 호남의 유권자들은 패싸움하며 돌을 던지듯 표를 던졌다. 김대중이 대구에서 얻은 2.6%, 부산에서 얻은 9.1%의 득표율은 대구지역과 부산지역에 거주하던 호남인구 비율인 2.2%, 9.9%와 놀랍게 일치했고 김영삼이 광주에서 얻은 0.5%의 득표율 역시 광주 지역 부산 경남 출신 인구 비율 0.8%와 대동소이했다.

분열의 승리, 작아진 왕관

—

전국 득표율 36.6%의 노태우가 제13대 대통령에 당선됨으로 선거는 마무리되었다. 2위는 28%를 얻은 김영삼, 3위는 27%의 김대중이었다. 전두환 대통령은 비교적 안전하게 퇴임 이후를 준비할 수 있게 됐고, 노태우 당선자는 직선제라는 약간의 모험을 감수한 대가로 보다 정통성이 높은 정권을 독자적으로 장악하는 데 성공했다. 반면 두 야권 후보는 신군부 정권의 연장을 막고자 했던 대다수 국민의 열망을 거의 정확히 절반씩 찢어 가져감으로써 결국에는 아무것도 남기지 못하는 처절한 패배를 당했고, 지지자들에게도 더할 수 없는 좌절을 안기고 말았다. 애초에 당선이 아닌 정치적 재기를 목표로 뛰었던 김종필이 충청권 최다득표를 기반으로 8.1%를 득표하며 또 한 명의 승자로 올라선 것 역시 기억할 만한 부분이었다.

단순히 말하자면 노태우 정권은 전두환 정권의 2기이며, 박정희 정권의 3기라고 말할 수도 있다. 시민혁명은 시스템을 바꾸고도 사람을 바꾸지 못하는 역설적인 대목에서 일단락됐다. 하지만 대한민국 건국 이래 혁명이나 쿠데타가 아닌 선거를 통해 대통령이 바뀐 첫 번째 사례라는 점은 작지 않은 의미를 가진다. 또한 그 선거를 앞두고 '체육관선거'라고 불리던 요식행위를 국민의 힘으로 없애버리고 직접선거를 정착시킴으로써 민주주의를 위한 최소한의 기초를 놓았다는 점은 대단히 큰 역사적인 의미를 가진다고 말할 수 있다.

6 군정의 종식, 보수대연합의 시작
: 제14대 대통령 선거 (1992)

16년 동안 숱한 사람이 피를 흘린 끝에 쟁취된 직선제 대통령선거에서, 마지막까지도 직선제 개헌 저지를 시도했던 군사정변세력의 2인자인 노태우를 당선시킨 것은 그야말로 역설이었다. 더구나 그 역설이 현실화될 가능성과 그것을 저지할 수 있는 수단을 뻔히 알면서도, 마치 가위눌리듯 눈 뜬 채 고꾸라져버린 현실은 민주주의의 진전을 기대했던 많은 이들에게 곱절의 좌절감을 안겼다.

　　하지만 그렇다고 세상이 끝나는 것도 아니고, 6월 항쟁의 성과가 모두 사라진 것도 아니었다. 5년 후에는 임기가 끝날 것이고, 그때도 새 대통령을 직선제로 뽑는 것은 달라질 리 없었다. 그리고 꼭 필요하다면 김영삼과 김대중 역시 그 5년 뒤까지도 70세를 넘지 않을 것이기에 대통령으로 써먹지 못할 이유도 없었다. 문제는 어떻게 노태우 정권이 민주주의 과정을 다시 퇴행시키지 못하게끔 감시하고 제어할 것인가 하는 것이었고, 또한 어떻게 그 5년 사이에 별다른 변수 없이 정권교체를 이루기 위한 준비를 할 것인가 하는 것이었다.

민주주의와 지역주의, 여소야대 국회를 낳다

—

당장 노태우 대통령이 취임하자마자 4월 26일에는 국회의원선거가 예정되어 있었다. 6월 항쟁의 성과로 얻은 민주헌법과, 이에 근거한 여야 합의 과정을 통해 새롭게 만들어진 국회의원선거의 규칙은 그 이전 수십 년 동안 치러온 것과 비교할 수 없을 만큼 공정했다. 국민들의 투표 없이 여당에게 의석의 1/3을 몰아주던 '유신정우회' 같은 게 사라진 것은 물론이고, 선거구마다 최고 득표자 한 명씩만을 당선시키는 '소선거구제'로 바뀌면서 여당 의원들도 얼마든지 낙선할 수 있게 됐다. 전국구 의석을 지역구에서 5석 이상을 얻은 정당들을 대상으로 득표율에 따라 분배하되 1당에 우선 1/2을 보장해주게 한 부분이 여당에 유리하게 작용할 가능성이 높긴 했지만, 그나마 5·16군사정변이 일어난 이후로는 여당과 야당이 가장 공정하게 경쟁할 수 있는 조건이 마련된 선거였다.

가장 발 빠르게 움직인 것은 평화민주당이었다. 가장 늦게 사면 복권되고 가장 늦게 귀국해 가장 준비가 부족한 가운데 대통령선거를 치러야 했던 김대중은 조력자와 지지세력을 결집하고 정비해야 할 가장 시급한 필요를 느끼고 있었다. 그는 대선 기간 동안 자신에 대한 '비판적 지지'를 보내준 재야의 민주화운동가들을 부지런히 찾아다니며 도움을 청했고, 13대 국회의원 선거를 두 달 앞둔 2월 3일에 모두 91명의 대대적인 영입 인사 명단을 발표할 수 있었다. 재야 민주화운동세력의 대부 문익환 목사의 동생이기도 한 한신대 교수 문동환, 민중신학의 대부인 안병무 박사의 부인이자 한국 여성운동의 1세대를 대표하는 박영숙, 그리고 인권변호사 이상수와 광주의 민중시인 양성우, 광주시민군대장 정상용, 민청학련 사건과 김대중 내란음모사건으로 옥고를 치른 서울대 운동권의 리더 이해찬 등이 포함된 명단이었다. 당을 해체하고 들어오라는, 대선 2위 득표의 자신감을 업은 통일민주당 김영삼 총재의 다소 거만한 통합 제안에 대한 답이었다.

물론 통일민주당 역시 최선을 다해 조직을 불렸다. 재야의 민주화운동 세력 중 다수파는 아니었지만 지난 대선 당시 현실적인 상황을 고려해 김대중이 김영삼에게 후보직을 양보해야 한다고 주장했던 이들을 파고들었고, 특히 부산 경남 지역에서 활동하던 이들을 집중적으로 끌어들였다. 인권변호사로서 부산민주시민협의회를 이끌던 노무현도 그중 한 사람이었다.

결국 야권은 13대 국회의원 선거 역시 두 개로 분열된 채 치르게 된 셈이었다. 하지만 대통령선거와 달리 국회의원선거는 지역별로 당선자를 가리는 게임이었고, 지역별로 선명하게 나뉘어있던 두 야당의 분열은 별로 약점이 되지 못했다.

그 선거에서 여당인 민주정의당은 대구 경북 지역을 비롯한 영남권과 경기도, 강원도 농촌 지역들을 중심으로 87곳에 승리하는 데 그쳤고, 김대중이 주도한 평화민주당이 호남 지역을 거의 석권하고 수도권 일부를 더해 54곳에 당선자를 냈다. 김영삼 중심의 통일민주당은 전국적으로 23.8%를 득표해 평화민주당보다 많은 표를 얻었지만 지지기반인 영남 지역에서 여당과 혼전을 벌이면서 46명을 당선시키는 데 그쳤다. 그 밖에 김종필의 민주공화당이 역시 충청권을 거의 석권하며 27곳에 승리하는 성과를 내기도 했다. 전국구는 지역구에서 가장 많은 당선자를 낸 민정당에 과반수인 38석이 배정되었고, 나머지 37석이 세 야당에 의석 비례에 따라 분배되었다. 결국 전체 299석 중에 여당이 125석, 3대 야당이 164석(평민 70, 민주 59, 공화 35)을 차지하고 군소정당과 무소속에 10석이 분포된 '여소야대' 국회의 탄생이었다. 무소속이 정당 소속 의원보다도 많았던 2대 국회를 제외하면, 건국 이후 여당보다 야당이 더 많은 의석을 차지한 것은 처음 벌어진 일이었다.

김영삼과 김대중 두 야당 지도자들은 원래부터 출신 지역인 영남과 호남권에서 지지를 받고 있기도 했지만, 대선 이후에는 각자의 지지자들 사이에 갈등의 골이 더 깊어지면서 지역 간의 심리적인 거리도 더 멀어지고 있었다. 통일민주당 후보들은 야권의 아성인 호남 지역에서 여당만도 못한 지지를 받았으며, 평화민주당은 영남 지역에서 출마할 후보조차 구하기 어려운 지경이었다. '지역 출신 정치인을 조금 더 우호적으로 봐주는' 방식이었던 지역주의가 1987년 제13대 대통령선거를 거치며 '상대지역 출신 정치인을 떨어뜨리기 위해 투표하는' 방식으로 바뀌어 있었다.

하지만 그 덕분에 영남의 야권 지지자들은 통일민주당으로, 호남의 야권 지지자들은 평화민주당으로 결집해 있었고, 따라서 야권 분열의 효과는 나타날 수 없게 되었다. 문제는 영호남 출신 유권자들이 섞여 있는 수도권이었는데, 그나마 호남인구 편중지역과 영남인구 편중지역은 자연스러운 결과적 단일화가 이루어질 수 있을 정도였다. 야당 후보자들 사이의 표 분산 때문에 여당 후보에게 의미 있는 반사이익이 돌아간 경우는 13대 국회의원선거에서 전국을 통틀어 10여 곳을 넘지 않았다. 그렇게 6월 항쟁 과정을 통해 진전된 민주적 제도와 지역주의의 심화라는 특이한 정치환경 속에서 역사상 최초의 여소야대 정국이 만들어지게 된 것이다.

야권 지지자들에게 '여소야대 정국'은 대선 패배의 아픔을 약간이나마 보상해주는 의미 있는 성공이었다. 게다가 그것은 단지 상징적인 의미에만 머무는 것도 아니었다. 특히 13대 국회는 과거 박정희나 전두환 정권의 국회와는 비교도 할 수 없는 막강한 권한을 가지고 있었기 때문이다.

1987년 말에 제정된 9차 개정 헌법은 박정희가 만든 유신헌법이 국회로부터 빼앗아버린 국정조사권과 국정감사권, 즉 대통령과 행정부를 감시하고 견제할 수 있는 가장 기본적인 권한을 되살려놓았다. 이제 국회가 의결하기만 하면 대통령과 행정부의 어떤 정책도 공개적 검증을 통해 제어할 수 있게 된 것인데, 그 국회의 다수의석이 야당에 주어지는 상황은 당시 헌법 개정에 참여했던 여당과 야당 인사

중 누구도 상상조차 하지 못한 것이었다. 이제 야당은 과거 수십 년 동안 상상도 하지 못했던 막강한 권한을 쥐게 됐고, 힘을 합치기만 하면 대통령과 여당이 아닌 야권이 국정을 주도해갈 수도 있는 상황이 만들어진 것이다.

실제로 13대 국회는 엄청난 활동량을 과시했다. 의안과 법률안 처리 건수는 이전보다 각각 2배와 3배로 늘어났고(의안처리 1,277건, 역대 국회 평균 653건 / 법률안 처리 806건, 12대 국회 299건) 처음 도입된 청문회 제도를 통해 광주민주화운동과 정경유착, 언론통폐합 등 전두환 정권 전반에서 벌어진 비리와 불법, 부정 등에 대해 온 국민 앞에서 신랄하게 파헤치는 성과를 내기도 했다.

하지만 1980년대를 마무리하는 시점에서 정부는 정부대로, 야권은 야권대로 아쉬움을 느끼는 것은 어쩔 수 없는 일이었다. 노태우 정권은 무엇 하나 의지대로 밀고 나갈 수 있는 정책이 없다고 하소연했다. '야당의 발목잡기'라는 말은 그 무렵부터 흔히 쓰이는 말이 되었다. 사사건건 야당이 감시하고 시비 걸고 비판을 하는 통에 정부가 할 수 있는 일이 아무것도 없다는 이야기였다. 물론 근거가 전혀 없는 불평은 아니었다. 우선 13대 국회가 가장 정력적으로 파헤치고 까발렸던 5공화국의 부정과 비리 중 상당수는 그 기간 내내 정권의 2인자 자리를 지켜온 노태우 대통령과 연결되어 있을 수밖에 없었기 때문이다. 그런 상황에서 야당과 충돌을 감수하며 정부와 여당이 강행할 수 있는 일은 거의 없었다. 정권의 가장 아픈 구석을 국회가 쥐고 있었고, 그 국회의 고삐를 두 야당이 나누어 쥐고 있는 형국이었기 때문이다. 하지만 더 중요한 것은, 노태우 대통령 본인을 비롯한 모든 정부 구성원들이 권한을 나누고 서로 견제하며 일하는 민주주의적인 행정과정에 대해 배우고 경험할 기회를 가지지 못했다는 점이다. 당연히 거쳐야 할 협의와 타협의 과정이 그들에게는 참기 힘들고 무력감을 느끼게 할 만큼 거추장스럽고 답답했던 것이다.

사실 그 못지않게 답답하고 피곤한 것은 야당들, 특히 원내 2, 3당인 평화민주당과 통일민주당이었다. 여소야대라고는 하지만 그것은 과거 박정희 정권의 잔당이며 전두환 정권의 모태이기도 했던 선배 정치군인과 그 협력자 집단으로 이루어진 김종필 주도의 신민주공화당까지 야당이라는 범주에 넣었을 때의 이야기였다. 하지만 그들의 핵심적인 관심사는 여당과 야당 사이에서 끊임없이 거래하며 자신들의 존재감을 키우는 것이었고, 정치성향을 따지자면 오히려 여당에 가까웠다. 그래서 그들이 야당의 편에 설 때는 여소야대가 되지만 여당의 편에 서면 순식간에 160석의 과반수 야당이 출현하곤 했던 것이다.

물론 정통야당을 자처하는 두 당이라고 해서 늘 유기적인 협력관계를 유지할 수 있었던 것도 아니었다. 정확히 영남과 호남으로 갈린 두 야당의 지역기반이 선거 때는 불필요한 분열과 경쟁을 하지 않을 수 있도록 해주었지만, 당선된 뒤에는 각각 기반 지역의 개발 공약을 관철하기 위해 예산 경쟁을 벌일 수밖에 없게 했다. 특히 두 야당은 각각 김영삼과 김대중이라는 강력한 보스에 의해 움직였고, 서로 뿌리 깊은 라이벌 의식을 가진 그 두 지도자는 어차피 다음 대통령 선거에서 다시 맞붙을 수밖에 없는 처지라는 점을 서로 의식하지 않을 수 없었다.

어쨌든 청문회 정국을 통해 국회 과반수를 차지한 야권의 위력을 유감없이 과시하며 한 해를 보낸 뒤 맞이한 1990년 초, 신문 정치면에는 자연스럽게 '야권통합 논의'라는 기사들이 줄지어 오르기 시작했다. 임기의 절반가량을 보내며 자신감과 아쉬움을 동시에 느낀 야권에서 통합에 대한 필요성을 느끼기 시작했기 때문이다.

야당의 중견 정치인들은 저마다 사견임을 전제로 야권 통합에 대한 나름의 구상을 밝히기도 했는데, 크게 두 가지 범주로 묶을 수 있었다. 3개의 야당이 하나로 통합해서 원내 과반수 정당을 만들고 정국을 주도해야 한다는 '대통합론', 그리고 정체성이 다른 공화당을 제외한 두 개의 정통야당(민주당과 평민당)이 통합하는 것이 우선이라는 '소통합론'이 그것이었다. 물론 통일민주당과 신민주공화당의 '보수야당 통합'이 먼저라는 주장을 내는 이들도 없지는 않았다. 보수적인 성향이 강한 유권자들을 향해 '평화민주당은 진보정당이다'라는 메시지를 던져 고립시키고 스스로 '보수야당'을 자처하며 야권 선두주자로서의 위상을 되찾기 위한 김영삼 주변의 구상이었다.

유신 시대에 대한 향수, 그리고 영호남 간의 대결 구도 속에서 홀로 무시당할 수 없다는 충청권의 지역 정서에 기대어 정치적 복권을 성공시킨 김종필의 공화당이 그 공화당과 목숨을 건 투쟁을 통해 성장한 김영삼, 김대중 세력과 함께한다는 것은 쉽게 상상하기 어려운 일이었다. 하지만 개정된 민주헌법 체제 안에서 원내 과반수 의석을 가진 다수당이 된다는 것은 거의 집권세력에 버금가는 힘을 가지게 된다는 것을 의미하기에 3김 씨의 노련한 전략적 판단과 협상에 의해서는 불가능한 일만도 아니라는 전망도 있었다. 심지어는 1990년 봄 이전에 야권통합 선언이 나올 것이라는 전망도 대두하고 있었고, 물밑 협상에 상당한 진전이 있다는 전언도 있었다.

하지만 1990년 1월 22일 통합을 발표하는 자리에서 카메라 앞에 선 것은 김영삼과 김대중이 아니었다. 놀랍게도 카메라 정면에 선 것은 민주정의당의 총재를 겸하던 노태우 대통령이었고, 그 오른쪽에는 김영삼, 왼쪽에는 김종필이 나란히 서 있었다. 김대중의 평화민주당을 제외한 여야 3개 정당이 하나로 합치기로 했다는 충격적인 선언이었다. 야권통합이 아닌 여야통합. 새로 쓰기 시작한 표현으로 '보수대연합'이었다.

단숨에 국회 의석의 2/3를 훌쩍 뛰어넘는 거대 여당을 가지게 된 노태우 대통령은 통합의 명분으로서 '근대화와 경제개발에 힘쓴 세력과 민주화를 위해 노력해온 세력이 힘을 합쳐 민주 번영 통일의 과업을 완수하겠다'는 것을 내세웠다. 동시에 여소야대 상황에서 소신 있고 추진력 있는 정국 운영이 불가능했다는 토로도 곁들였다. 동의할 수 있는 이와 그렇지 않은 이가 있었지만, 이해할 수는 있는 이야

1990년 1월 22일 여당인 민주정의당(노태우 총재)과 야당인 통일민주당(김영삼 총재), 신민주공화당(김종필 총재)이 합당을 선언했다. 그렇게 만들어진 거대여당의 이름은 민주자유당으로 정해졌다.

기였다. 7년간 여당과 야당을 모두 실질적으로 조종했을 뿐 아니라 입법 · 행정 · 사법의 모든 권력까지 움켜쥐고 흔들다가 졸지에 소수파로 쪼그라든 정권 입장에서 무슨 수를 써서라도 다시 다수의 위상을 가지려고 하는 것은 당연한 일이기도 했다. 그리고 김종필과 공화당의 입장에서도 그것은 충분히 있을 수 있는 일이었다. 어차피 박정희 정권과 전두환 정권은 그것을 주도한 인물이 달랐을 뿐 구성원들의 배경이나 이념적 지향 모두 다르다고 보기 어려웠다. 군인과 관료 출신들이 중심을 이루고 있었고 냉전적 안보논리와 개발주의적 경제성장론으로 정치적 소신을 대신하며 성장한 이들이 대부분이라는 점도 같았다.

그래서 가장 집중적인 비난이 쏟아진 것은 김영삼이었다. 박정희와 전두환 군사독재 정권을 거치며 늘 '선명야당의 상징'으로 통해왔던 그가 스스로도 그렇게 공격해왔던 군사정권의 후계자 노태우와 손을 맞잡고 웃는 모습은 쉽게 이해가 어려웠다. 굳이 이해하자면 집권 여당의 따뜻함을 동경해 자리를 바꿔 앉은 변절, 그것 말고 설명할 방법이 없었다. 물론 김영삼 스스로는 '호랑이 굴에 들어가 호랑이를 잡겠다'고 변명했지만, 공감하기는 쉽지 않았다.

민주당 소속 의원 중에서도 합당에 반대하고 합류를 거부하는 이들이 적지 않았다. 하지만 그들은 대부분 김영삼을 통해 정치를 시작하고 당선된 이들이었고, 여전히 그의 곁을 떠나서 살아남을 자생력을 가지지 못했다. 김영삼 총재가 직접 나서서 설득하기 시작하자 하나둘 '합류' 쪽으로 입장을 선회할 수밖에 없었다. 합당을 추인하기위한 통일민주당 전당대회에서 부산의 젊은 인권변호사 출신 초선의원 노무현이 반대토론을 주장해 약간의 소란이 일어나긴 했지만, 대세를 바꾸지는 못했다. 끝까지 합당에 반대하고 남은 국회의원은 부총재 이기택과 노무현, 김광일, 김정길, 장석화 다섯 사람이었다. 그들에 더해 대선 당시 후보 단일화를 촉구하며 무소속으로 남아있던 박찬종, 이철이 합류해서 또다시 민주당을 창당했는데, 민주자유당과 합당한 원래의 민주당과 구분하기 위해 사람들은 그들을 흔히 '꼬마 민주당'이라고 부르곤 했다.

내각제 합의 각서 유출 파동

—

궤변처럼 보였지만, '호랑이를 잡으려면 호랑이 굴에 들어가야 한다'는 김영삼의 말이 아주 틀린 것은 아니었다. 곁에서 보기에 민주자유당이란 전두환 정권의 주도 세력인 민주정의당이 민주당과 공화당 두 야당을 집어삼킴으로써 몸집을 불린 것으로 보였다. 특히 그들이 태생과 생리가 본질적으로 다른 김영삼과 민주당 세력에게 주도권을 내줄 가능성은 조금도 보이지 않았다. 당내 의석수로만 보더라도 김영삼을 추종하는 민주당 출신들은 1/4에 불과했고, 그들이 당내에서 세력을 넓힐만한 힘을 가졌다고 보기도 어려웠다. 오히려 월등한 자금력과 관권을 쥐고 있는 민정당 세력에 그들이 포섭당할 가능성이 훨씬 높아 보였다.

하지만 김영삼이 자신감을 가질 만한 근거가 없지는 않았다. 우선 부산 경남 지역을 중심으로 자신의 영향력이 확고하므로 그 지역 출신 정치인들이 함부로 자신의 영향권을 이탈하기 어렵다는 판단이 있었다. 그리고 또 하나는, 자신을 제외하면 새로 출범한 거대 여당 안에 다음 대통령선거에 나서서 전국적인 지지를 받을 만한 후보감이 없다는 점이었다. 다음 대통령선거는 1987년 선거보다도 관권과 금력의 영향력이 줄어들 수밖에 없었고, 그렇다면 어차피 국민의 직접적인 선택을 받을 수 있는 '얼굴'이 필요했다. 더구나 유일한 야당으로 남게 된 평화민주당에는 김대중이라는 막강한 후보가 이미 확정된 것이나 다름없이 기다리고 있었고, 선거까지 남은 기간은 3년도 채 되지 않았다. 김영삼 자신을 제외하면, 그 짧은 시간 안에 김대중과 대적해서 정권의 수명을 연장해줄 후보를 찾는다는 것은 불가능하다고 충분히 판단할 수 있었다.

굳이 찾자면, 독립운동의 대부 이회영 선생의 손자로서 군과 정보기관을 거친 뒤 민정당에 들어가 정치 1번지라 불리던 종로구에서 국회의원을 연임하던 이종찬과 노태우 대통령의 처조카로서 박정희 정권 때 청와대 비서관을 지내고 노태우 정권에서 정무장관을 지낸 박철언 정도가 민정계의 차세대 주자로 꼽히긴 했다. 하지만 두 사람 모두 너무 젊었고 군사정권 시절의 어두운 이미지를 벗기 힘들다는 점, 확실한 지지 기반도 없고 전국적인 지명도도 부족하다는 점 등이 약점으로 꼽혔다. 아무래도 당장 김영삼을 대신할 수 있는 카드는 아니었다.

물론 3당 합당 당시에 이미 13대 국회의 임기 내에 내각책임제로 개헌한다는 합의가 이루어져 있긴 했다. 마땅한 대통령 후보감이 없던 민정당과 독자적인 힘으로 당선과 집권이 현실적으로 어려운 공화당의 절실한 필요가 반영된 약속이었다. 내각책임제 개헌이 이루어진다면 굳이 대통령선거에서 전 국민의 지지를 받는 인물이 없더라도, 확보된 절대다수의 의석을 바탕으로 권력의 연장과 분점이 가능했다.

하지만 김영삼은 애초부터 그 합의를 지킬 생각이 없었다. 자신이 가진 강점이라고는 '검증된 대선 후보감'이라는 것 하나뿐이며 당내에서도 의석수의 다수를 끌어들일 가능성이 희박한 그가 내각제를 달가워할 리 없었기 때문이다. 그리고 내각제 약속을 무산시킬 자신도 있었다. 6월 항쟁을 통해 무려 16년 만에 국가의 최고 권력자를 직접 뽑을 권리를 찾아온 국민 입장에서, 내각책임제란 그저 지긋지긋한 '간선제'의 또 다른 이름처럼 비칠 뿐이라는 점을 그는 잘 알고 있었다. 그래서 그 합의의 실체를 적절한 시기에 적절한 방식으로 국민에게 공개하기만 한다면, 내각제 개헌이 계획대로 추진되기는 어려웠다.

합당 5개월 뒤인 10월 25일 언론 지면에 '내각제 합의서' 사진이 실렸다. 내각제로 개헌한다는 내용에 노태우, 김영삼, 김종필 세 사람의 친필 서명이 되어있는 문서였다. 국민들은 술렁였다. 그러자 김영삼은 한편으로는 '유출 경위를 밝혀야 한다'며 발끈했고, 다른 한편 '정치인들의 합의가 국민의 뜻 위에 있을 수는 없다'며 은근히 내각제 합의에 대한 반대 여론을 일으켰다. 그리고 동시에 당내에서는 친위세력들을 동원해 '민정계가 내각제 합의 각서를 유출했다는 누명을 뒤집어씌워서 민주계를 쫓아내려 한다'고 선동했다. 민주계 의원들은 동시 탈당을 결의했고 민자당 최고위원을 맡고 있던 김영삼은 당무를 거부한 채 칩거했다.

김영삼의 계산대로 내각제 개헌을 반대하는 여론이 거세게 일어나기 시작했고, 합의의 다른 두 당사자인 노태우와 김종필은 합의 백지화를 약속하며 김영삼을 달랠 수밖에 없었다. 그것은 불가피한 선택이었다. 그 시점에 당을 깨고 다시 합당 이전의 질서로 돌아간다는 것은 '공멸'을 의미했기 때문이다. 이제 2년 밖에 남지 않은 대통령선거를 피할 방법은 사라졌고, 김영삼은 자신의 말 그대로 호랑이를 잡은 것이 아니라 아예 호랑이 굴을 차지한 것이다.

1992년 제14대 대통령선거
—

3당 합당을 통해 탄생한 민주자유당은 박정희 정권 세력과 전두환 정권 세력에 야권의 일부를 더한, 혹은 경남과 경북 기반 세력에 충청권 기반 세력을 더해서 연합한 형태로 나타났다. 그리고 그 반대편에서는 야당과 호남지역이 한껏 위축된 형태로 고립되는 결과로 드러났다. 하지만 야권에 홀로 남게 된 김대중의 입장에서 그런 변화가 전적으로 불리하게만 생각된 것은 아니었다. 우선 대통령선거 자체보다도 더 성가신 문제가 될 가능성이 남아있던 '야권 후보 단일화' 문제가 일단은 사라져버린 셈이었기 때문이다. 내각제로 개헌이 되지만 않는다면 다음번 대통령선거는 여당의 후보가 된 김영삼과 야당의 단일후보인 자신의 대결이 될 가능성이 커지게 됐고, 지난번 선거에서 김영삼을 지지했던 이들 중에서도 김영삼의 변절에 실망한 이들이 자신의 지지세력으로 흡수할 수만 있다면 승산도 충분해 보였다. 더구나 민자당 내부가 내각제 합의각서 유출 파동 등을 겪으며 끊임없이 삐걱거리고 있었기 때문에 여권 지지자들이 분열하거나, 최소한 일부가 이탈해 김영삼의 지지 세력권 밖으로 흩어질 가능성도 충분했다.

김대중의 전략은 단순했다. 기존에 다양한 방식으로 흩어져있던 야당 표들은 이제 다른 대안을 가질 수 없게 됐기 때문에 자신에게 올 것으로 전제하고, 이전엔 자신에게 표를 주지 않았던 유권자들에게 접근해서 지지층을 확산하는 것이었다. 말하자면 집토끼 대신 산토끼를 잡는 데 집중하는 전략이었다.

김대중에게 집토끼란 두 가지 범주로 생각할 수 있었다. 첫째는

1992년 당시 김영삼(민자당), 김대중(민주당), 정주영(국민당) 대표가 국회에서 3자 회동을 열어 악수하는 모습

호남 민중. 둘째는 진보적인 성향의 노동자, 학생, 재야 민주화운동권 그룹과 그들에 대한 지지자들이었다. 김대중은 14대 대통령선거운 동 기간 동안 단 한 차례도 호남을 찾지 않았고, 시간을 온전히 수도 권과 영남 지역에 쏟았다. 그리고 경제정책공약에서는 그가 이미 박 정희와 맞대결했던 1971년 제7대 대통령선거 때 제시했던 '대중경 제론'의 진보적인 요소들을 모두 제거해버렸다. '근로자의 경영 참여 제도화'나 '수출의존형 개발전략으로부터 자립경제개발전략으로의 선회' 같은 것들을 포기했고, 대신 '시장 자율성의 제고와 해외에 대 한 개방성 제고'처럼 자본의 입장에서도 거슬리지 않는 내용으로 재 편했다. 김대중 후보 자신도 1987년 선거 당시 자신을 상징했던 검 은 두루마기를 벗어버리고 깔끔한 양복 정장으로 갈아입었고, 쩌렁 쩌렁하던 대중 강연 스타일의 말투도 조곤조곤 사근사근한 '실내형' 으로 바꾸었다. 얼굴에 쥐가 날 지경으로 잔잔한 미소를 지은 채 자 신을 '알부남', 즉 '알고 보면 부드러운 남자'라고 소개하는 것이 그 해 그의 필승전략이었다. 그의 계산대로 집토끼들은 내내 심기가 불 편하긴 했지만, 그를 지지하는 것 외에 다른 대안을 찾지 못했다. 하 지만 문제는 산토끼 사냥이 생각보다 쉽지 않았다는 점이다.

김영삼이 결국 내각제 합의를 깨뜨린 데 이어 민주자유당의 대통 령선거 후보 자리를 쟁취한 것은 사실이다. 하지만 합당 때 모였던 모든 세력과 그 지지기반을 남김없이 흡수할 수 있었던 것은 아니다. 민주자유당 경선에는 김영삼 외에 민정계를 대표한 이종찬이 나섰지만, 노태우 대통령은 당선이 가능하고 그래서 자신의 퇴임 후 안전을 책임져줄 수 있는 쪽은 오히려 김영삼이라고 판단했다. 이종찬은 경선 내내 공정하고 자유로운 경쟁 환경을 주장했지만, 끝내 민정계의 주류가 김영삼을 지지하는 현상 이면에 노태우 대통령의 의중이 작용한다고 보고 경선 포기를 선언하는 동시에 탈당과 신당 창당을 결행하게 된다. 이종찬이 거부하고 불참한 상태에서 치러진 경선이었는데도 김영삼이 66%, 이종찬이 33%를 득표했을 정도로 김영삼의 당 장악은 완전하지 못했다.

물론 여당의 속성이 늘 그렇듯, 일단 승자가 결정되면 빠른 속도로 구심력이 회복된 것도 사실이다. 이종찬에 이어 민정계의 대표 격인 박태준 최고위원이 탈당하는 소란이 있긴 했지만 당내의 혼란은 비교적 제한된 폭 안에서 수습이 된 셈이었다. 하지만 더 큰 충격은 당 바깥에서 전해졌다.

현대그룹을 창업하고 삼성과 더불어 한국 재계의 양대 산맥으로 키워낸 정주영 명예회장이 대권 경쟁에 뛰어들었던 것이다. 아무런 정치적 기반이나 세력도 없이 현대그룹의 조직과 정주영 자신의 인맥을 활용해 뚝딱 만들어낸 국민당은 창당 45일 만에 치러진 제14대 국회의원 선거에서 무려 31석을 차지하며 돌풍을 일으켰고, 민자당에서 김영삼과 내분을 겪다가 탈당한 박철언, 김복동, 유수호 등을 영입해 몸집을 불렸다. 그리고 대통령선거 직전에는 역시 민자당을 탈당해 독자적인 대선 출마를 준비하던 이종찬까지 합류시키며 무시할 수 없는 세력으로 성장했다. 6, 70년대 고속성장시대의 상징과도 같은 인물이었던 정주영 개인의 인기와 자금력에 현대그룹의 조직력과 정보력, 그리고 정주영이 직접 영입한 김동길, 이주일, 최불암, 강부자 등 영입인사들의 유명세가 더해지면서 조용할 것 같았던 대선 레이스의 가장 뜨거운 화제의 중심이 된 것이다.

고속성장시대에 대한 향수와 동경을 가진 동시에 김영삼이나 민자당에 대한 거부감을 가진 중간 지대의 유권자들에게 정주영은 좋은 대안으로 떠올랐다. 정부 관료조직보다는 오히려 삼성이나 현대 같은 대기업 조직이 훨씬 효율적이고 깨끗하다는 것이 당시 국민들의 일반적인 생각이었다. 정주영에게는 최소한 군사독재나 부정부패의 꼬리표가 달려있지 않았고, 대신 엄청난 경제적 성공의 신화가 덧붙여져 있었다.

하지만 정주영이 순전히 김영삼의 표만 나눠서 가져간 것은 아니었다. 그는 '당선이 되면 개인 재산의 절반인 2조 원을 국가에 헌납하겠다'라거나 '반값 아파트를 지어 서민들에게 공급하겠다'는 파격적인 공약을 뿌려댔다. 심지어 '공산당 활동을 합법화하겠다'는 발언은 실현 가능성이나 찬반을 떠나 그가 개방적이고 합리적이며 파격적인 방식과 속도로 정치개혁을 추진해갈 수 있는 인물이라는 인상을 심을 수 있었다. 최소한 가장 높이 띄워진 애드벌룬 속의 공약들은 서민들의 욕망을 자극하는 것들이었고, 그를 존경하지는 않지만 그의 '돈의 힘' 만큼은 신뢰한 적지 않은 야당 성향 서민들도 정주영의 주변을 기웃거리게 만들었다.

'초원복국'과 '우리가 남이가'

—

1992년에 치러진 제14대 대통령선거는 그래서 기이한 형태로 흘러갔다. 여당은 여당대로, 야당은 야당대로 텃밭 지키기에 몰두하고 있었다. 김영삼은 김영삼대로 자신의 고정 지지층과 여당의 고정 지지층을 지키기만 하면 이긴다고 믿었고, 김대중은 김대중대로 야당의 고정 지지층을 지키는 가운데 이전까지 자신을 '빨갱이'라고 오해했던 이들의 생각을 조금만 바꿔주면 이길 수 있다고 믿었다. 심지어 후발주자 정주영 마저 믿는 구석을 가지고 있었다. 무려 800만에 이른다는 현대그룹 계열사와 협력회사의 임직원과 가족들만 지켜도 당선 가능권에 근접한다고 생각하고 있었다. 그나마 정치권 후발주자인 정주영이 주도권을 잡기 위해 몇 가지 자극적인 공약을 내세운 것을 제외하면 정책경쟁도 미미했고 후보들 간의 신경전도 대단치 않았다.

김영삼은 경쟁 후보보다도 노태우 대통령과 차별화하면서 민자당 조직을 장악하고 표를 단속하는 데 더 공을 들였으며, 김대중은 '야당 바람'을 불러일으키기보다는 오히려 5년 전처럼 지역감정을 불러일으키는 돌발사태를 막기 위해 조용한 선거운동 기조를 지켜갔다.

재야에서는 5년 전에도 출마했다가 야권후보 단일화를 위해 사퇴했던 백기완을 민중 후보로 추대해 완주를 공언하고 있었지만 김대중은 그와 그 지지층을 아우르기 위한 어떤 움직임도 하지 않고 의식적으로 무시해버렸다. 오히려 급진적이라는 색채가 번지는 것을 우려해 후보 단일화는커녕 정책에 관한 토론이나 교감조차도 조금도 가지려 하지 않았다. 모든 후보가 방어전술을 펼쳤고, 공격은 없었다. 이곳저곳 성 안은 병사들로 복작거렸지만 성벽을 노리는 이가 아무도 없었다.

저마다 지키는 데만 주력한다면 승부는 이미 가진 세력에 의해 결정된다. 그리고 각자의 세력이 비등하다면 아주 사소한 움직임에 의해 승패가 뒤집힐 수도 있다. 하지만 이미 20년 이상이 지난 뒤에 복기해보자면, 각자 가진 세력도 김영삼의 것이 컸을 뿐 아니라 그 세력분포를 바꾸기 위해 움직인 것도 김영삼 쪽이었다. 김영삼의 수족들이 선거의 결과를 더욱 확실히 결정짓기 위해 물밑에서, 은밀하고 침침하게 수행하던 일들이 대략 어떤 방식이었는지 적나라하게 드러난 것이 바로 그 유명한 '초원 복국집 사건'이다.

선거를 일주일 앞둔 1992년 12월 11일 아침 7시쯤, 부산 대연동의 '초원 복국'이라는 음식점에서 김기춘 법무부 장관과 김영환 부산시장, 박일용 부산지방경찰청장, 이규삼 국가안전기획부 부산지부장, 김대균 부산지구 기무부대장, 우명수 부산직할시 교육감, 정경식 부산지방검찰청 검사장, 박남수 부산상공회의소장 등 부산 지역에서 선거에 개입해선 안 되지만 동시에 엄청난 영향력을 미칠 수 있는 인물들이 모여서 나눈 이야기들이 통일국민당 정주영 후보 진영 관계자들에 의해 도청되어 언론에 폭로되었다. 그 자리에서 그들은 김영삼의 당선을 위해 노력하자고 입을 모았고, 그러기 위해 부산이 똘똘 뭉쳐야 한다거나 지역감정을 불러일으켜야 한다는 이야기를 주고받은 것으로 드러났다. 그리고 김기춘 법무부 장관이 전국 각 지역을 순회하면서 곳곳에서 그 비슷한 자리를 가져온 듯한 암시를 담은 내용도 들어있었다. 명백하게 관권을 동원한 부정선거운동의 증거가 잡힌 셈이었다.

사건의 파장은 만만치 않았다. 여론은 순식간에 끓어올랐고, 김대중과 정주영 진영뿐 아니라 여러 신문과 언론매체에서도 정부와 여당에 대한 비판의 목소리를 쏟아냈다. 엄정한 수사를 통해 관련자를 엄중히 처벌하라는 여론이 높아지는 것은 당연했다.

하지만 김영삼은 역시 만만치 않은 승부사였고, 이미 정부 권력기관을 한 손안에 움켜쥐고 능숙하게 움직이는 권력자로서의 천재적인 재능을 가진 인물이었다. 그는 다짜고짜 '나야말로 이 사건의 최대 피해자'라고 호소하며 이 사건은 자신을 표적으로 한 비열한 정치공작이라고 분통을 터뜨렸다. 그리고 불법적인 도청과 유출 과정을 낱낱이 밝혀야 한다고 목소리를 높였다. 그러자 각자 수장들이 해당 사건의 관련자이기도 한 검찰과 경찰이 곧장 '가이드라인'대로 움직였고, 순식간에 그 자리를 도청한 정주영 후보 진영의 핵심 관계자들이

'주거침입죄'로 잡혀 들어가 처벌되었다. 김기춘 법무부 장관 역시 선거법 위반으로 기소되기는 했지만 선거가 끝난 뒤 무죄 판결을 받았고, 다른 기관장들은 애초에 무혐의로 풀려나는 것으로 끝이었다.

그 사건을 기점으로 오히려 부산과 경남을 비롯한 영남 지역에서 김영삼 후보에 대한 지지율은 가파르게 상승한 것으로 나타났다. 상대적으로 표를 빼앗긴 쪽은 정주영 후보였다. 사법기관으로부터 죄가 있는 쪽으로 지목되었기 때문이라기보다는, 그 사건을 계기로 김영삼이 위기에 처하게 되고 그래서 김대중이 당선될지도 모른다는 우려가 커졌기 때문이다. 여론조사 결과에는 명확하게 드러나지 않았지만 김영삼과 정주영 사이에서 갈등하던 보수층의 상당수가 김영삼 쪽으로 결집하는 흐름도 있었다. 원래 미세하게 앞서가던 김영삼은 그 시점부터 김대중과의 격차를 넉넉히 벌리기 시작했다. 물론 호남과 야당 지지층에서도 나름의 결집 효과는 있었지만, 이미 그 이전에도 충분히 결집해 있던 영역이기에 그 폭은 미미했다.

12월 18일 밤, 투표함의 뚜껑이 열리자마자 판세가 드러날 정도로 격차는 컸다. 김영삼은 유효투표의 44%에 해당하는 997.7만 표를 얻었고 김대중은 804만 표, 득표율은 33.8%에 그쳤다. 200만 표 가까운 차이였고 득표율 격차도 10%에 가까웠다. 그들과 치열한 3파전을 벌이던 정주영이 얻은 표는 현대그룹 계열사와 협력회사 임직원, 가족, 그들의 친지와 이웃들로 욱여넣어 만든 국민당 당원 수의 절반에도 못 미치는 388만 표, 득표율 16.3%에 불과했다.

결과를 놓고 되짚어볼 때, 14대 대통령선거의 승패를 결정지은 가장 큰 요인은 김대중의 오판이라는 분석이 있을 수 있다. 김대중은 불리한 상황에서 싸우면서도 자신이 유리하다고 생각하고 있었고, 그래서 적극적인 공세를 벌여서 판을 흔들거나 우군들을 모아내려는 움직임도 하지 않았다. 게다가 때로는 김영삼을 공격하는 정주영의 흐름에 편승하거나 그저 관망하면서 반사이익을 챙기려는 자세를 보이기도 했다.

하지만 뒤집어 보면, 그렇다고 다른 어떤 선택을 했다고 해서 더 나았을 확실한 방법이 있었던 것도 아니다. 보수적인 성향은 진보적인 성향을, 영남 출신은 호남 출신을 수적으로 압도하고 있었고 끊임없이 안보 불안을 자극하고 바닥층 민심을 건드리는 관료조직과 언론기관의 암묵적인 지원활동 역시 막강한 위력을 발휘했다. 그해 김대중은 그저 조금 더 적은 차이로 지거나, 아니면 질 가능성을 조금 더 낮출 방법을 포기한 채 무기력하게, 하지만 그 자신은 낙관에 사로잡힌 채로 패배했을 뿐이다.

개표가 채 끝나기도 전에 김대중은 국민과 지지자들을 향해 사죄와 정계 은퇴의 변을 담은 성명을 발표한 뒤 영국으로 떠났다. 그리고 정주영은 새 정부가 출범하자마자 다방면의 세무조사와 검찰 경찰의 경제범죄혐의 수사 대상에 오르자 곧 정계 은퇴를 선언했다.

김대중은 정계 은퇴를 선언한 뒤 영국 캠브리지 대학에서 초청 교수 신분으로 머물며 연구와 강연 활동을 벌였고, 6개월 만에 돌아와 아시아 태평양 지역의 민주주의 발전 방안을 연구하는 연구재단을 설립하기도 했다.

역시 정계를 은퇴한 정주영은 곧 기업인으로 돌아갔고, 이번엔 그룹과 계열사의 역량을 대대적으로 모아 스포츠 활동에 집중하기 시작했다. 프로야구단 태평양 돌핀스를 매입해 현대 유니콘스를 만들고 실업팀 현대 피닉스를 창단해 아마추어의 국가대표급 선수들을 끌어모은 것 외에도 수영, 역도, 아마야구, 수상스키, 양궁까지 다섯 개 종목의 협회장을 현대그룹 사장단에서 휩쓸었다. 현대그룹 내부에 팽배해진 패배주의를 일소하고 분위기를 쇄신하는 한편, 정부의 스포츠 행정에 일조하며 우회적으로나마 화해의 손길을 내밀기 위함이었다.

위기의 시대, 기회의 시대
: 제15대 대통령 선거 (1997)

취임 초기 김영삼 정부에 대한 국민들의 지지
는 대한민국 역사상 최고라고 할 만했다. 김영삼은 대통령 취임과 동
시에 굵직한 개혁 과제들을 동시다발적으로 추진했고, 뚜렷한 성과
들을 만들어냈다. 전두환 정권을 창출한 군내 사조직인 하나회 핵심
멤버들을 대거 숙청해 군부의 독자적인 정치행동 가능성을 제거해버
린 것과 금융실명제를 기습적으로 단행해 검은돈의 흐름에 결정적인
타격을 가한 것이 대표적이다. 그 밖에 광화문과 경복궁 사이에 버티
고 서있던 조선총독부청사를 철거하고 근현대사에 대한 연구 작업을
대대적으로 지원하고 독려해 식민지 잔재를 청산하려 한 '역사 바로
세우기'도 국민을 열광시켰다. 전두환, 노태우 두 전직 대통령을 법
정에 세우고 불법정치자금 수수와 군사정변, 양민학살의 죄를 물어
사형을 선고할 수 있게 한 것 역시 그 연장 선상에서 대환영을 받았
다. 공직자 재산공개 의무화도 취임 초기에 김영삼 대통령이 앞장서
서 직접 실천하며 강행해 자리 잡게 한 중요한 변화 중의 하나다.
　김영삼 대통령은 자신이 구성한 정부의 공식명칭을 '문민정부'로

정해 이전까지의 군사정권과 선을 그었다. 그리고 자신이 총재로서 이끌던 민주자유당 역시 신한국당으로 이름을 바꾸어 군사정권의 지지 세력이라는 이미지를 제거했다. 민주자유당의 다수파였던 민정계와 공화계의 입지가 축소된 것은 당연한 일이었고, 그들 중 일부는 김종필을 중심으로 자유민주연합이라는 신당을 창당해 갈라서기도 했지만 '이념'보다 '여당 체질'이 더 중요했던 많은 수는 자연스럽게 민주계로 흡수되어 김영삼의 지지 세력으로 돌아섰다. 김영삼 자신이 장담했던 '호랑이 사냥'이 마무리된 셈이었다.

1993년 봄에서 여름 사이 여론조사에서 문민정부에 대한 국정 지지도는 대개 80%에서 90% 안팎에 이르렀다. 대통령선거에서 김대중이나 정주영을 지지했던 이들 대부분도 일단은 박수를 보내고 있었다는 의미다. 물론 그 기저에는 전두환 정권 당시의 3저 호황 시절부터 이어져 온 경제적 성장이 가져온 풍요로운 생활환경에 대한 만족도가 깔려 있었다. 대학생들이 해외여행을 떠나기 시작했고, 일단 취업을 하면 소형 승용차부터 뽑아서 연인과 함께 주말마다 교외로 나들이하러 다니기 시작한 것도 그 시절에 시작된 풍경이었다. 김영삼 정부 초기에 사상 최초로 1인당 국민소득이 1만 달러를 돌파하고 '선진국들의 사교 클럽'이라 불리는 OECD에 가입하며 '선진국'이라는 자부심을 얻게 된 것 역시 국민들의 만족도를 한껏 끌어올린 요인이 됐다.

찬란한 영광, 처참한 치욕

—

하지만 임기 중반을 지나면서 상황이 조금씩 바뀌게 된다. 우선 1993년 12월에 우루과이 라운드가 타결되면서 농산물을 비롯한 대부분의 상품과 서비스, 금융 등에 대한 시장이 개방된 것이 시작이었다. 농민들의 대대적인 반발이 터져 나왔고, 미국 주도의 신자유주의 경제 질서에 대한 반감을 매개로 진보 진영의 비판이 조직화되기 시작했다. 그리고 때마침 서해훼리호 침몰사고, 성수대교 붕괴와 아현동 도시가스폭발, 삼풍백화점 붕괴, 대구 지하철 가스폭발 등 한국사를 통틀어서도 손에 꼽힐만한 대형 참사들이 줄지어 일어나면서 김영삼 정권에 대한 실망감을 키우게 했다.

물론 그것이 모두 김영삼 정부의 책임이라고 보기는 어렵다. 우루과이 라운드를 앞세운 미국의 전 세계를 향한 보호주의 철폐 압력은 강경한 것이었고, 대통령의 철학과 소신 이전에 이미 미국 중심의 세계 정치경제 질서에 깊숙이 파묻혀있던 한국 정부가 그것을 거스른다는 것은 쉽지 않은 일이었기 때문이다. 그리고 1993년에서 1995년 사이에 집중되어 터져 나온 대형 사고들도 그 근본적인 원인은 박정희 정권 당시에 오직 '빨리빨리'만 외치며 강행했던 수많은 개발사업의 어두운 면이 뒤늦게 터져 나온 것이라고 봐야 옳았다.

하지만 그 사고를 수습하는 과정에서 노출한 비효율과 무능력만큼은 김영삼 정부의 몫이라고 해야 했고, 경제 개방의 충격을 조금이

133

라도 완화하거나 그 피해를 고르게 배분하려는 정책적인 고민이 부족했다는 부분에 대해서도 비판을 받아 마땅했다. 그렇게 아래를 향하기 시작한 지지율의 곡선이 점점 가파른 각도와 속도로 내리꽂히기 시작한 것은 1996년 겨울을 지나면서부터였다. 그 결정적인 분기점이 바로 '노동악법 날치기' 사건이었다.

1996년 12월 여당은 정리해고를 법제화하고 파업 기간 동안 대체근로자를 사용할 수 있을 뿐 아니라, 파업 기간에는 임금을 지급하지 않을 수 있도록 하는 내용을 골자로 하는 노동법 개정안을 제출했다. 하지만 야당이 동의해줄 리가 없었고, 처리 시한인 연말에 몰리고 있었다. 사실 군사정권을 거치며 오랜 세월 동안 정부가 고수해온 '무노동 무임금' 원칙을 깨뜨림으로써 노동계의 전폭적인 지지를 받았던 것은 김영삼 정부 자신이었다. 김영삼 정부 초기에 파격적으로 기용했던 이인제 노동부 장관은 '무노동 부분임금', 즉 파업 기간에도 임금 전체는 아니라도 가족수당과 교통비, 식비 등 생활 보장적인 영역은 지급해야 한다는 원칙을 제시하고 시행했었다. 무노동 무임금 원칙의 전면 철폐를 주장하는 노동계의 요구와는 거리가 있었지만 분명 긍정적인 시도였다는 점에서는 높은 평가를 받고 있었다. 그런데 불과 3년여 만에 스스로 개선해왔던 영역을 거꾸로 돌리는 개악안을 들고나온 것은 이미 자기부정이었고 모순이었다.

그런데 1996년 성탄절 다음 날인 12월 26일 새벽 6시, 미리 비밀리에 연락을 받은 신한국당 의원 154명이 야당 의원들이 눈을 피해 국회의사당으로 숨어들어 단 7분 만에 개악된 노동법을 포함해 무려 11개의 법안을 통과시켜버렸다. 국회의장이 야당 의원들의 시선을 묶어두는 사이에 부의장이 사회를 보고, 투표가 아닌 기립 방식으로 처리한 기습적인 날치기였다.

여당의 국회 날치기 통과가 처음 있는 일도 아니었다. 그런 일을 벌여도 대개는 며칠 동안 비난이 쏟아지다가, 또 그걸 몸싸움 불사해가며 막고 있던 야당에 대해서도 양비론적인 비난이 돌아가다가, 여당과 야당 사이에 약간의 대가성 혹은 위로성 양보가 오가는 물밑 협상이 이루어진 다음에는 '기왕 이렇게 된 거 미래를 보고 나아가자'는 식으로 봉합되기 마련이었다. 하지만 그해는 좀 달랐다. 통과된 법안이 너무 많은 노동자들의 이해관계를 직접적으로 건드렸고, 그 노동자들이 민주노총이라는 비타협적인 조직으로 단단하게 결집해 있었다.

민주노총은 즉각 법안 백지화를 요구하며 전면 총파업에 돌입했고, 늘 정부에게 타협적인 자세로 '어용'이라는 딱지까지 붙이고 있던 한국노총 산하 노조들마저 동조해서 총파업에 동참했다. 특히 방송 4사 노조들 역시 총파업에 동참했기 때문에 국민들이 여론에 직접적으로 미친 영향력은 엄청났다. 교수, 법조인, 종교인들의 지지 선언이 줄을 이었고, 노조원들의 거리시위마다 일반시민들이 합세해 수십만의 인파를 이루면서 87년 6월 항쟁을 연상시키는 모습마저 연출되곤 했다. 대개 파업에 대한 국민들의 지지가 50% 이상을 넘기는 힘들다. 노조원들과 이해관계를 공유하기 힘든 경우가 많지만 파업의 피해는 일반 국민들에게도 상당히 전달될 수밖에 없기 때문이다. 하지만 그 당시에 여론조사를 통해 나타나는 파업에 대한 지지율은 70% 선을 넘어설 정도였다. 정부 입장에서 그저 버틸 수만은 없는 상황에 이르렀다.

결국 해가 바뀐 1997년 1월 27일, 김영삼 대통령은 국민 앞에 머리를 숙여야 했고, 노동법은 재개정 수순에 들어갈 수밖에 없었다. 임기 마지막 해에 들어서자마자 연출된 '굴욕'이었고, 레임덕의 시작이었다. 훗날 퇴임사에서 김영삼은 '영광의 시간은 짧았지만, 고통과 고뇌의 시간은 길었다'고 술회했다. 하지만 짧고 긴 것은 그의 개인적인 느낌과 기억이었을 뿐이다. 정확히 바꾸어 말하자면 대통령으로서 그의 영광은 찬란했고 치욕은 처참했다.

1997년 들어 곳곳에서 이상 신호들이 점점 강하게 나타나기 시작하더니, 일시에 폭발해 모든 것을 삼키고 말았다. 몇 해 전부터 중소기업과 중견기업의 차례로 밀려오던 줄도산의 행진이 1997년 들어서자마자 한보철강과 기아자동차 같은 대기업으로 번졌고, 해외 자본이 썰물처럼 빠져나가면서 환율이 급등하는 흐름이 이어졌다. 당국에서는 환율방어를 위해 나름대로 최선의 노력을 했지만, 이미 대세를 바꾸는 것은 고사하고 그나마 남아있던 외화마저 조기에 소진해버리게 만드는 자충수가 되고 말았다.

물론 경제적 혼란의 책임 역시 전적으로 대통령과 정부에 묻기는 어렵다. 태국과 동남아시아 여러 나라에서 시작해 아시아 곳곳으로 퍼지던 금융위기의 곤란한 흐름이 있었고, 수십 년간 외형적 성장에 치중하며 내실을 망친 기업들 자신의 책임도 컸다. 하지만 뿌리 깊은 정경유착의 난맥상 또한 경제위기를 부른 중요한 요인이었다는 점을 간과할 수는 없다. 한보철강의 몰락 과정에 회장 정태수가 기업 공금을 횡령해 막대한 정치자금을 조성한 정황이 개입되었음이 발견되고, 그 과정에 대통령의 차남으로서 '소통령'이라고까지 불릴 만큼의 권력을 휘둘렀던 김현철이 연루되어 구속되었던 것에서 드러났듯이 말이다. 그리고 근본적으로 문제를 조기에 수습하기보다는 은폐하고 거짓말로 둘러대다가 끝내 곪을 대로 곪아서 터져버릴 때까지 방치한 정부의 무능과 무지야말로 비판받지 않을 수 없는 대목이다.

결국 IMF의 구제금융을 받고서야 외환위기는 수습의 실마리를 찾을 수 있었다. 하지만 그로부터 IMF의 개입과 감독에 따른 고강도의 타율적 구조조정이 시작돼야 했고, 불과 서너 달 만에 1인당 국민소득이 40%나 수직으로 하락하는 고통은 고스란히 국민들의 몫으로 전가되고 말았다.

1997년 12월 18일, 제14대 대통령선거는 바로 그 IMF 경제위기라는 우울한 환경 속에서 치러졌다.

김대중의 귀환

—

제14대 대통령선거가 대통령직에 대한 세 번째 도전에 실패한 김대중의 정계 은퇴 선언과 함께 마무리되었다면, 제15대 대통령선거는 그 김대중의 정계 복귀 선언으로 막을 올렸다.

제14대 대통령선거 개표가 아직 끝나지도 않았던 1992년 12월 19일 새벽에 정계 은퇴를 선언한 김대중은 이듬해인 1993년 1월 영국으로 건너갔다가 6개월 만에 돌아와 '아시아태평양평화재단'을 설립하고 이사장으로 취임했다. 명분은 남북통일과 아시아 민주화를 위한 연구를 하고 이념과 정책을 개발한다는 것이었다. 그러나 여전히 야당 국회의원의 절반 이상, 그리고 전체 국민의 1/3 이상에 대해 절대적인 영향력을 가지고 있는 김대중이 서울 한복판에서 활동한다는 것만으로도 이미 엄청난 정치적 의미였다. 그 무렵부터 이미 어떤 상황과 명분이 만들어지느냐의 문제일 뿐 김대중의 정계 복귀는 정해져 있는 것이나 다름없다는 진단을 내리는 이들도 적지 않았다. 물론 그 '상황'이란 한편으로는 김영삼에 대한 국민들의 지지가 얼마나 떨어지고 정권의 재창출을 원치 않는 목소리가 늘어나느냐에 관한 것이었고, 다른 한편으로는 그 반대편에 선 야당 안에 대안이 마련되느냐 여부에 관한 것이었다. 여당의 약화와 야당의 대안부재. 그렇다면 결론은 김대중일 수밖에 없었다.

1995년 7월 13일, 김대중은 속칭 '동교동계'라 불리는 자신의 직계 국회의원 51명을 모아놓은 자리에서 정계 복귀의 뜻을 비쳤고, 그 51명의 국회의원은 즉석에서 만장일치로 지지의 뜻을 모아 화답했다. 그리고 닷새 뒤인 18일에는 대국민 기자회견을 열고 공식적으로 정계 복귀와 야권 신당 창당을 선언했다. 정계 은퇴 선언을 내놓은 지 2년 7개월 만의 일이었다.

복귀의 명분은 '김영삼 정부의 실정과 야당의 기능 마비'였다. 성수대교 붕괴와 삼풍백화점 붕괴 등 정부가 최소한의 인간적인 삶의 조건조차 지켜주지 못하는 위기상황에 자신의 미력한 힘이나마 보태야 한다고 생각해 고통스러운 결단을 내렸다고 공언했다. 동시에 제1야당인 민주당이 계파별 나눠 먹기 정당으로 전락해 정부에 대한 적절한 비판과 대안 제시를 하지 못하고 있는데도 이기택 총재가 사퇴를 거부하고 있기 때문에 어쩔 수 없이 새로운 야당을 창당할 수밖에 없다는 주장도 곁들였다. 그의 선언과 동시에 95명의 민주당 국회의원 중 65명이 동시에 탈당해 신당에 참여했다. 신당의 명칭은 '새정치국민회의'로 결정됐다.

민주당에 잔류한 30명의 의원 중에서도 전국구 의원의 상당수는 신당과 뜻을 같이하고 있었다. 다만 탈당할 경우 의원직을 유지할 수 없어 일단 당적을 유지하는 경우가 많았다. 그래서 지역구 의원으로서 소신에 따라 민주당을 지키기로 한 이들은 십여 명에 지나지 않았다. 과거 3당 합당 때 김영삼을 따라가지 않고 남아서 '꼬마 민주당'을 만들었던 이기택, 이철, 노무현 같은 이들은 이번에는 김대중의 신당 창당에도 참여하지 않고 남아서 또 다른 '꼬마 민주당'을 지켜야 했다.

신당 국민회의는 얼마 뒤에 치러진 제15대 국회의원선거에서 민주당 잔류 의원들이 출마하는 지역구마다 자객을 보내 낙선시키는 집요함을 보였다. 서울 성북에는 유재건을, 도봉에는 설훈을, 강서갑에 신기남을 영입해서 내보냈고, 전북 정읍에는 김대중의 비서 유철상을 내보내고 당력을 기울여 당선시켰다. 그렇게 해서 낙선시킨 차점자들은 모두 끝까지 국민회의 합류를 거부하고 민주당에 남았던 이철, 유인태, 박계동, 김원기였다. 그 결과 여당을 이기지는 못했지만 유일한 야당으로서의 지위를 확보해 다가오는 대선에서 1대1의 대결 구도를 만드는 데는 성공했다.

'깜짝 놀랄 만한 젊은 인물'

—

임기의 절반 정도를 경과했을 때, 기자들이 김영삼 대통령의 입에서 가장 끌어내고자 했던 것은 '후계자에 대한 생각'이었다. 물론 국민의 직접선거를 통해 뽑는 대통령에 대해 전임자의 생각을 묻는 것이 지금으로서는 큰 의미 없는 일로 여겨질 수도 있다. 하지만 무려 30년 이상 전제군주와 다름없는 절대적인 권력을 휘두른 대통령과 함께 살아온 한국인들은 여전히 친히 세자를 책봉하던 군주처럼 대통령의 입을 주목했다. 그땐 대통령이 집권 여당의 총재직을 겸하던 시대였고 여전히 여당 현역 의원의 태반을 막후에서 조종할 수 있는 계파 보스의 위상도 겸하던 인물이었기에 최소한 '여당의 대선 후보'만큼은 김영삼 대통령의 입김에 좌우된다고 보는 것이 크게 이상한 일이 아닐 수도 있었다. 그리고 대통령이 의중에 둔 인물이라고 해서 반드시 따르겠다는 생각보다는, 그저 참고한다는 흥미에 가까운 관심이기도 했다. 1995년 6월, 김영삼 대통령은 미국의 시사주간지 〈타임〉과의 인터뷰에서 이렇게 말했다.

"다음 대통령은 깜짝 놀랄 만한 젊은 인물이 될 것이다."

그 발언을 놓고 수많은 기자와 정치평론가들은 '누구를 염두에 두고 한 말인가'를 추론했다. 그리고 가장 가능성 높은 후보로 지목된 것이 바로 그때 한창이던 지방선거에서 경기도지사 후보로 뛰고 있던 이인제였다. 그는 통일민주당 시절 김영삼에 발탁되어 13대 국회에 입성했고, 초선 시절 이미 당 대변인의 중책을 맡은 적도 있으며, 김영삼 정부에서도 초대 노동부 장관에 파격적으로 발탁된 바가 있었다. 김영삼 대통령이 특별히 주목하는 신진 정치인 범주에 충분히 포함될 만한 이력을 가졌음이 분명했다. 그리고 13대 국회에서 광주민주화운동 진상규명 청문회에서 변호사다운 날카로운 질의로 나름대로 주목을 받기도 했고, 노동부 장관 시절 '무노동 부분임금'처럼 전향적인 노동정책을 반영해 신선한 충격을 주면서 대중적인 인기도 갖춘 편이었다. 게다가 당시에 아직 50이 채 되지 않은 나이였으니 대통령이 되기만 한다면 정말 '깜짝 놀랄 만큼 젊은' 인물임에도 분명했다. 그리고 그를 제외하면, 그렇게 '김영삼의 총애를 받고, 젊은데다가, 대중적 인기도 겸비한' 인물은 최소 당 안에는 없었다.

애초에 대통령의 입에서 '차기 주자로 이인제가 쓸 만해 보인다'는 구체적인 말이 나왔다면 그렇게 큰 파장이 일지는 않았을 것이다. 오히려 대통령이 대놓고 자신의 후계자를 지목하는 일에 대해 비판이 쏟아지고 역풍이 불었을 수도 있다. 하지만 '대통령이 말한 사람이 누구냐'는 문제를 놓고 저마다 숱한 상상과 탐색을 통한 추론과 토론이 이어졌고, 끝내 유력한 후보자로 '이인제'라는 이름이 떠오르자 엄청난 파괴력이 생성됐다. 게다가 몇몇 언론에서 '키가 작고 단단한 외모가 과거 박정희 대통령과 닮았다'고 언급한 뒤로는 박정희에 대한 향수마저 불러일으키면서 대단한 신드롬으로 발전했다.

야심을 품고 있던 이인제 역시 최선을 다해 그 바람에 몸을 실었다. 기름을 발라 단정히 빗어 넘긴 머리에 검은 선글라스를 끼고 군용과 비슷한 짙은 단색 점퍼를 입은 채 '현장시찰'을 다니는 숱한 사진들을 만들어냈고, 심지어는 훗날 선거 포스터마저 박정희의 것을 그대로 재현하다시피 했다. 한 마디로 대대적인 '박정희 코스프레'를 통해 박정희와 김영삼의 옛 지지층을 자신의 지지층으로 모아내기 시작했다. '박정희 정신의 계승자'라거나 '김영삼의 정치적 아들'이라는 표현이 어디선가 만들어져 흘러다니기 시작한 것도 그 무렵이었다.

사실 김영삼이 정말 이인제를 자신의 후계자로 염두에 두었거나, 콕 찝어서 이인제를 띄워주려고 했던 것은 아닌 것으로 보인다. 김영삼 대통령 자신도 훗날 그것이 오해였다고 설명한 바 있다. 사실 그것은 어떤 인물을 염두에 둔 언급 자체가 아니라, 거의 기정사실화되어가고 있던 야당의 대선 후보인 김대중을 견제하기 위한 발언이었을 가능성이 높다. '깜짝 놀랄 만한 젊은 대통령'에 대한 대중의 상상을 일으킨다면, 그 반대편에 있는 70대 노인 김대중은 얼마나 낡고 음침한 영역으로 몰리겠는가. 비슷한 맥락에서 김영삼 대통령은 임기 초에는 늘 검은색으로 염색하던 머리칼도 그 무렵부터는 백발 그대로 두기 시작했는데, 역시 늘 염색으로 가리고 있는 동년배 김대중이 얼마나 늙은 사람인가를 간접적으로 보여주기 위한 전략으로 풀이되는 경우도 있었다.

하지만 기왕 일어나기 시작한 파장을 김영삼 대통령도 즐겼을 가능성은 충분하다. 그 무렵 여당 내에서 유력한 후보로 자리 잡아가고 있던 인물은 이회창이었는데, 그가 서서히 김영삼 대통령과의 차별화를 시도하며 정서적 거리를 벌려가고 있던 참이었기 때문이다. 이인제가 그를 꺾고 후보가 되지는 못한다고 하더라도, 최소한 막판까지 견제세력을 형성하며 자신의 직계 정치인들이 대오를 정비할 수 있다면 밑질 것은 없을 것이었다. 어쨌거나 이인제는 그가 직접 발탁하고 키운 '민주계' 정치인의 범주 안에 있었으니 말이다.

대쪽, YS의 호랑이 굴에 들어서다

—

이회창은 대한민국 역사를 통틀어 법조계가 배출한 뛰어난 인물로서 손에 꼽힐 만하다. 1960년에 판사로 임용된 이후 박정희, 전두환, 노태우로 이어지는 권위주의 정권을 거치며 대법관의 자리까지 올랐지만 늘 권력에 아부하기보다는 법의 자존을 지키며 빛나는 소수의견을 만들어낸 인물로 후배들의 존경을 받아왔다. 항상 권력과 마찰하면서도 대법관의 자리까지 오를 수 있었던 것 역시 한편으로는 출중한 실력과 법적 전문성이 있었기 때문이고, 다른 한편으로는 유흥업소 한 번 드나들지 않고 사소한 뇌물이나 향응에도 손을 대지 않는 청렴함이 있었기 때문이라는 이야기가 법조계 안팎에 파다했다. 그에게 '대쪽'이라는 별명이 붙은 내력이다.

그는 노태우 정부에서는 중앙선거관리위원장으로 일하면서 여당과 야당을 가리지 않고 부정선거 혐의자들을 고발했으며, 김영삼 정부 첫해에는 감사원장이 되어 군의 전력 증강 사업 관련 비리인 '율곡사업 비리'를 캐내 전직 국방부 장관과 해군, 공군 참모총장, 청와대 외교안보수석 등 권력 핵심 인사들을 줄줄이 검찰에 고발한 일로 화제를 모으기도 했다. 그 무렵 학생운동권 출신 국회의원으로서 해마다 '모범 국회의원'에 선정되던 이해찬 의원이 어느 라디오 방송과의 인터뷰에서 정치인으로서의 꿈을 묻는 말에 '저와 이름이 비슷한 분처럼, 저도 감사원장 같은 자리에서 부정부패를 발본색원하는 일을 해보고 싶다'고 말할 정도였다.

그가 본격적으로 대중에게 알려지면서 정치적인 위상을 가지게 된 것은 1993년 12월 감사원장 임기를 마치자마자 김영삼 정부의 국무총리로 임명되면서부터였다. 법조계뿐만 아니라 그의 명성을 알고 있는 사회 각계에서 '김영삼 정부 최고의 인사'라는 찬사가 쏟아졌고, 정점을 찍고 조금씩 내려갈 기미를 보이던 대통령의 인기를 총리의 인기가 떠받치는 양상이 전개되기도 했다. 하지만 비타협적인 이회창의 개성은 단지 그를 대중에게 향하는 바람막이 정도로 사용하려고 했던 김영삼 정권과 잘 어울릴 수 없게 만들었다.

김영삼 대통령의 입장에서 국무총리란 어디까지나 '대외용' 혹은 '이미지 관리용'이었다. 대통령의 통치행위는 직접 각 부 장관들을 통해 해나가는 것이며, 총리란 간혹 대통령이 참석할 수 없는 행사에서 대통령의 메시지를 '대독'하는 정도에 그쳐야 했다. 하지만 이회창이 생각할 때 그것은 헌법에 대한 도전이고 무시였다. 그는 행정부 곳곳에 포진한 채 대통령과 직거래하는 장관과 관료들에게 '먼저 총리에게 보고하고 협의할 것'을 지시했고, 그것이 무시될 때마다 불호령을 내렸다. 내무부 장관을 지내던 '대통령의 왼팔'이자 정부의 최고 실세 최형우를 총리실로 불러 호통을 쳤던 것, 그리고 대통령의 뜻을 정면으로 거스르고 통일안보정책조정회의를 소집해서 주재하며 꼭 움켜쥔 두 주먹을 의자 팔걸이에 걸고 정면을 응시하던 표정들은 그 상징적인 장면이었다.

결국 대통령은 '사임해줬으면 좋겠다'는 뜻을 전했고, 총리는 '법적 권한도 행사할 수 없는 총리직에 계속 있을 생각이 없다'며 자리를 떠났다. 대통령 앞에서도 한 치 물러섬 없이 맞서는 퇴임 총리에게는 찬사와 환호성이 쏟아졌고 정부의 법과 원칙, 그리고 개혁을 상징했던 총리를 품지 못한 대통령에게는 비난이 퍼부어졌다. 이회창이 김대중 못지않은 김영삼의 맞수로 떠오르는 순간이었다.

그런데 재미있는 것은 그다음이다. 인상적인 퇴임 과정을 통해 '반김영삼'의 상징으로 떠오른 이회창에게 야당의 영입 제안이 밀려든 것은 당연한 일이었다. 특히 1996년 4월의 제15대 국회의원선거를 앞두고 갈라선 국민회의와 민주당은 서로 이회창을 영입해 선거대책위원장으로 삼기 위한 경쟁을 벌이기도 했다. 특히 김대중이 새로 창당한 국민회의에 소속 의원 대부분을 빼앗긴 채 재건을 노리던 통합민주당의 경우에는 비호남권을 대표하는 야당으로 성장한다는 목표를 설정하고 충청권 출신 이회창, 그리고 당시 최고의 인기 드라마 '모래시계'의 실제 주인공으로 알려지며 대단한 인기를 누리던 대구 출신 홍준표 검사를 영입하는 데 당의 사활을 걸 정도였다. 당시 민주당에는 18세 때 사법고시와 행정고시에 모두 합격한 천재 소년으로 유명했고 이회창 변호사와도 친분이 깊었던 장기욱 변호사가 전국구 의원 신분으로 소속돼 있었는데, 그가 거의 매일 이회창의 집으로 출근하다시피 하면서 설득작업을 벌이기도 했다.

그런데 1996년 1월, 이회창 입당 환영식이 열린 곳은 엉뚱하게도 여당인 신한국당이었다. 그리고 며칠 후엔 '이회창과 함께 개혁대연합을 완수하겠다'는 명분을 들고 홍준표 역시 신한국당 입당원서를 냈다. 특히 대통령과의 갈등을 통해 찬사를 받은 이회창이 대통령과 다시 한배를 타기로 한 것은 쉽게 이해되지 않는 대목이었다. 몇몇 언론에서도 그런 맥락을 거론하며 '이회창의 신한국당 입당은 그 시너지 효과가 크지 않을 것'이라는 분석을 내기도 했다.

이회창이 여당으로 향한 이유는 무엇이었을까? 비록 나름의 개성을 유지하며 주류와 충돌하고 소수의견을 내기에 주저하지 않은 면은 있지만, 그래도 평생 법원과 사법기관에서 일해 온 그가 갑자기 야당에 몸을 담기에는 문화적인 이질감이 컸으리라는 추론도 있다. 그리고 총리로서 갈등하고 충돌하기는 했지만 그런 자신을 다시 불러준 김영삼의 독특한 포용력에 감동한 측면이 있었으리라는 이야기도 있다. 하지만 이미 그가 스스로 대통령이 되겠다는 목표를 설정했다면, 야당보다는 여당에 있을 때 확실한 기회를 잡을 수 있으리라는 계산이 섰으리라는 추론이 오히려 합리적인 것으로 보인다. 야당엔 김대중이라는 불변의 상수가 설정되어있었고, 설사 민주당의 대선후보가 된다 해도 국민회의의 김대중으로부터 야당 지지층을 빼앗아온다는 것은 불가능한 일이었다. 하지만 여당은 여전히 무주공산이었다.

실제로 이회창은 입당 두 달 만에 집권당인 신한국당의 대표최고위원으로 추대됐고, 다시 4개월 뒤에는 대통령 후보로 선출되게 된다. 대한민국 정치사에서 가장 짧은 시간 안에, 가장 손쉽게 거대 집권여당의 대통령 후보가 된 인물이 바로 이회창이었다.

바람을 등지고 싸운 김대중, 안고 싸운 이회창
—

신한국당의 대선 후보 경선은 그야말로 별들의 전쟁이었다. 김영삼 정부에서 국무총리를 지낸 인물만 해도 셋(이회창, 이홍구, 이수성)이 나섰고 그 몇 해 전 정치인으로서는 최초로 우유 CF 모델로 기용됐을 정도로 대단한 대중적 인기를 누렸던 박찬종, 그리고 '깜짝 놀랄 만한 젊은 후보' 소동의 주인공으로 화제를 모았던 이인제도 있었다. 그 외에 당내 최대 계파인 민정계의 적자 이한동과 최병렬, 그리고 김영삼의 왼팔과 오른팔로 불리던 김덕룡, 최형우까지 모두 아홉 명이었다. 언론은 그들을 아홉 명의 잠재적인 용(왕, 혹은 대통령)이라는 의미에서 '9룡'이라고 부르기도 했다.

그중에서도 이회창이 최종적인 당의 후보로 결정된 데는 몇 가지 이유가 있었다. 우선은 당내에서 늘 다수를 이루고도 김영삼에 대적할 만한 구심과 상징을 가지지 못한 탓에 늘 비주류로 전전해야 했던 옛 민정당 출신들이 전략적인 선택을 했다는 점을 들 수 있다. 그해의 경선에 이한동이라는 계보 구성원이 나서긴 했지만 그가 결국 경선과 대선에서 당선될 수 있는 경쟁력을 가지지는 못했다고 판단한 다수의 민정계 대의원들이 이회창 편에 섰던 것이다.

하지만 더 중요한 것은, 처음엔 썩 내키지 않았다고 하더라도 대통령이자 당 총재이기도 했던 김영삼 역시 전략적 견지에서 이회창을 내심 낙점하고 있었다는 점이다. 다가오는 대선에서 김영삼이 가장 중요하게 생각한 것은 필생의 라이벌이자 만약 당선된다면 자신의 퇴임 후 안전을 보장할 리 없는 김대중을 낙선시키는 것이었다. 그렇다면 당내 경선에서 가장 중요한 것은 자신이 가장 선호하는 인물보다 대선에서 이길 수 있는 후보를 골라내는 일일 수밖에 없었다. 그가 보기에 그의 직계들이라고 할 수 있는 최형우나 김덕룡으로는 도저히 김대중을 상대하기 어려웠지만 이회창이라면 신한국당의 여러 계파뿐만 아니라 광범위한 보수지지층, 그리고 안정적인 개혁을

이회창 전총재가 햇볕정책과 남북정상회담을 맹비난하는 한 보수집회에 참석하고 있다.

원하는 야권지지층의 일부까지 아우를 수 있는 최상의 카드였다. 결국 이회창은 서로 대립하던 민정계와 민주계의 다수로부터 지지를 받을 수 있었고, 비교적 손쉽게 여당의 대통령 후보가 될 수 있었다.

하지만 문제의 시작은 경선 직후에 터져 나온 이회창 후보 아들의 병역비리의혹이었다. 이회창의 두 아들이 모두 병역 면제를 받았는데, 그 과정에 비리가 개입되어있다는 의혹이 제기된 것이다. 특히 장남의 경우 1차 신체검사 때는 1급 현역 판정을 받았다가 다시 정밀검사를 통해 면제 판정을 받은 과정이 도마 위에 올랐다.

처음 문제가 불거질 때만 하더라도 이회창 자신은 별 심각성을 느끼지 못했다. 그저 '이유야 어쨌거나 두 자식 모두 군대에 보내지 못한 점에 대해 송구하다. 하지만 어떤 불법적인 행위도 없었다'는 해명을 내는 것으로 마무리됐다고 생각했다. 하지만 사소하다면 사소하다고 할 수 있는 그 문제가 일으킨 파장은 컸다. 그해 이회창과 신한국당이 대통령선거를 그르친 이유의 절반 정도는 아마도 병역의혹과 관련된 것이라고 해도 무리가 없을 것이다. 왜일까?

우선 병역이라는 문제가 한국사회에서 가진 특별한 폭발성을 이회창은 충분히 이해하지 못한 것으로 보인다. 대한민국 대부분의 남자가 2년 반 가까운 청춘의 세월을 월급이라고 차마 부를 수도 없는 푼돈을 받아가며, 그리고 기본적인 인권과 개인 생활마저 송두리째 빼앗기고 침범당하면서 '병역'이라는 것을 감내하는 가장 큰 이유는 '대통령의 자식도, 재벌의 자식도 다 하는 일'이기 때문이라는 점을 충분히 공감하지 못했다는 것이다. 만약 별수 없이 군대를 다녀온, 혹은 아들을 군대에 보내야 할 평범한 국민의 감정을 충분히 공감했다면 '불법이 없었다'는 해명만을 반복하며 억울함을 호소하기 이전에 일단 무릎을 꿇는 편이 나았을지도 모른다.

게다가 '비리 의혹'이라는 것은 그대로 '대쪽'이라는 이회창의 대표 이미지에 큰 얼룩을 남겼다. 마땅히 보존되었어야 할 장남의 신검 부표가 공개되지 않았고, 그것을 파기해서 은폐하는 데 의무사령관의 조직적인 개입이 있었다는 의혹은 이회창 역시 이전에 경험했던 수많은 그렇고 그런 정치인들과 다를 것이 없다는 인상을 심고 말았다. 원래 '깨끗함'을 무기로 삼는 이들에게는 사소한 얼룩도 확대되어 인식되는 약점이 만들어지지 않았던가.

그리고 결정적으로는 그것이 당내경선의 차점 탈락자 이인제가 결과에 불복하고 뛰쳐나가는 빌미가 되었다는 점이 이회창에게는 뼈아팠다. 이인제는 경선 중반부터 지지율이 빠르게 상승했음에도 그런 여론이 당내 대의원 선거까지 반영될 여유가 없었다는 점에 아쉬움을 가지고 있었다. 그런데 경선 직후 '대세'로 인정받으며 40% 선을 넘나들던 이회창의 지지율이 아들의 병역 의혹이 본격적으로 제기되면서 10%대까지 떨어지자 이인제는 이를 탈당과 신당 창당을 통한 대선 출마의 명분으로 삼았다. 이회창은 이미 당선이 불가능한 상태로 전락했으므로 김대중의 집권을 막고 정치의 세대교체를 이루기 위해서는 자신이 후보로 나서야 한다는 것이었다.

1987년에 야권에서 유력한 후보 두 사람이 동시에 출마해 여당 후보에게 반사이익을 줬다면, 이번에는 정확히 그 반대의 상황이 된 셈이었다. 반대편에 선 김대중은 이인제에 대한 공격을 자제하며 사퇴를 막는 한편 이미 경선을 통해 확정된 집권당의 후보로서 사퇴할 수 없는 이회창에게 화력을 집중하는 노련한 전략을 구사했다. 그 결과 선거 중반까지도 이회창과 이인제의 지지율은 2위권에서 각축을 벌였고, 여당 성향의 지지층은 갈팡질팡할 수밖에 없었다.

DJP 연합

—

김대중의 선거 전략은 5년 전과 크게 다를 것이 없었다. 기존의 자기 지지층을 조용히 단속하는 한편 상대 진영을 향해 화해의 미소를 짓는 것. 이번에는 김영삼처럼 특정한 지역에 대해 강력한 개인적 영향력을 가진 상대가 없었기 때문에 그 전략에 대한 확신은 더욱 강해졌다. 지난 대선에서 난데없이 영남과 보수층의 대결의식을 자극했던 '초원 복국집 사건' 같은 돌발변수를 미리 막기 위한 정보활동과 지지세력 단속은 더욱 치밀하게 이루어졌다.

그 가운데 결정적인 승기를 잡기 위해 던진 회심의 한 수가 바로 DJP 연합이었다. 이회창이 주도하는 민주자유당에 반기를 들고 자유민주연합이라는 신당을 만들어 충청권을 움켜쥐고 있던 김종필을 자

김종필 총재와 김대중 대통령, 박태준 회장이 15대 대선에서 DJP 연합을 결성했다

기편으로 끌어들이는 방책이었다. 물론 정치적 신념과 정책적 견해로만 본다면 이회창보다도 더 먼 곳에 선 것이 김종필과 그 추종세력이었다. 김종필은 수십 년간 권력의 중심에서 멀리 벗어나지 않은 이들의 이해관계를 지키는 역할을 하고 있었고 이회창은 그런 오래된 기득권 세력들이 저질러온 부정부패의 청산을 약속하며 정계에 입문한 '개혁의 아이콘'이었다. 또 역사적으로 보더라도 김종필은 총칼의 힘으로 헌정질서를 유린한 군사정변세력인 반면, 이회창은 그 군사정권에서도 법의 가치를 지키기 위해 분투하며 명성을 쌓은 인물이었다. 하지만 김대중은 이회창을 이기기 위해 김종필의 손을 잡았고, 김종필을 끌어들이기 위해 활용한 '내각제 개헌과 권력 분점의 약속'은 과거 3당 합당을 떠올리게 하는 정략적이고 음습한 협잡과 음모의 냄새를 풍겼다.

하지만 그해의 선거에서 보다 폭넓은 변화와 기존 질서 척결의 희망을 품은 이들이 김대중이 아닌 다른 선택을 할 여지가 거의 없다는 점을 김대중은 잘 알고 있었다. 말하자면 그는 자신의 지지층을 상대로 배짱을 부린 셈이었고, 도박을 건 셈이었다. 그는 김종필과의 연대에 대해 항의하는 지지자들을 향해 이렇게 호소했다.

"나도 단독으로 집권하고 싶다. 하지만 그것이 불가능한데 어떻게 한단 말인가?"

가끔 너무 솔직한 변명은 추궁하는 이의 말문을 막는다. 누가 몰랐겠는가. 김대중은 화난 지지자들을 달래거나 설득할 수는 없었지만, 다시 한번 눈 감고 따라오게 할 수는 있었다. 그것이 1987년이나 1992년의 김대중이었다고 해도 지지자들이 받아들일 수 있었을까? 하지만 1997년의 김대중은 4수생이었고, 74세의 노인이었다. 더 이상은 기회가 있을 수 없는 마지막 도전의 절박함이 있었고, 어차피 부정할 길 없는 야권의 당선 가능한 유일한 후보였다.

이전보다도 훨씬 더 찜찜한 마음이 남긴 했지만, 지지자들은 여전히 그에게 투표했다. 그리고 이전까지 늘 약세를 면치 못했던 충청권에서 이회창에 비해 40만 표를 앞섰다. 결과적으로 그 40만 표의 우세는 그를 대통령으로 만든 결정적인 승인으로 나타났다. 전국적으로 1,032만 표를 얻은 김대중과 993만 표를 얻은 이회창 사이의 차이가 대략 40만 표 안팎이었기 때문이다.

물론 병역파문과 DJP 연대 외에도 선거에 영향을 미친 거대한 변수가 하나 더 있긴 했다. 바로 IMF 경제위기 말이다. 전대미문의 경제적 재앙은 국민 대부분에게 직접적인 경제적 타격을 입혔고, 그것은 두 가지 형태로 김대중의 당선을 도왔다. 한편으로는 그런 재앙을 몰고 온 김영삼 정부와 여당에 대한 비판 여론이 팽배해졌기 때문이고, 다른 한편으로는 그 와중에 가장 빠르고 안전하게 위기로부터 탈출시켜줄 후보가 누구냐에 관심이 집중됐기 때문이다. 꾸준히 김영삼과 차별화해온 데다가 총리를 지내며 수권 능력을 인정받은 이회창도 불안한 선택지는 아니었지만 이미 30여 년째 대통령 될 준비를 해왔다는 김대중의 '준비된 대통령' 구호에서도 매력이 느껴질 수밖에 없었다. 또한 그동안 번번이 김대중의 발목을 잡아왔던 막연한 비호감의 느낌들이 급박한 위기상황 앞에서 흐려질 수밖에 없었던 것도 긍정적 영향을 미쳤다.

하지만 그 선거는 우리 사회에서 보수층을 지지기반으로 삼는 전통적인 여당 세력이 얼마나 유리한 환경에서 싸워왔고 반대편의 야당 세력들은 얼마나 불리한 조건을 뚫고 생존해왔는가를 여실히 보여준 한 단면이기도 했다. 한국에서 변화를 지향하는 전통적인 야당 세력이 집권하려면 상대방을 자극하지 않은 채 조용히 지지층을 총동원해야 하며, 상대방의 엄청난 경제적인 실정이 겹쳐야 하며, 상대방이 분열해야 하며, 분열한 상대 진영의 일부와 손을 잡아야만 한다는 결론이 나왔기 때문이다. 그렇게 하고도 만들어낸 격차는 고작 40만 표, 득표율 1.6%에 불과한 것이었음은 물론이고 말이다.

8 대세와 바람이 맞서다
: 제16대 대통령 선거 (2002)

　　　　　　　　대통령들은 임기 중반을 넘어서면서부터, 아니 어쩌면 취임하는 그 순간부터 '정권 재창출'에 대한 고민을 한다. 작게는 자신의 퇴임 후 안전을 보장받기 위해서, 크게는 자신의 국정 철학이 이어지고 장기적으로 구상하고 준비했던 일들이 결실을 맺도록 하기 위해서다. 또한 같은 맥락이지만, 정부를 구성하고 함께 일했던 이들이 연속성을 유지하며 일해가기를 원하기 때문이기도 하다. 그것은 당연한 일이고, 전혀 이상하거나 나쁘게 생각할 일이 아니다. 평화적인 정권 교체의 경험이 많지 않고, 그래서 대개는 정권 교체기 안팎으로 정치보복이 자행되곤 했던 우리나라의 역사적 경험 때문에 '퇴임 후 안전'이라는 대목이 부각되는 감이 있긴 하다. 하지만 대통령의 통치행위라는 것 자체가 워낙 비밀스러운 영역도 많고 단지 법의 기준으로만 판단하기 어려운 영역도 있으므로 그것 역시 후진적인 정치문화라고만 몰아붙일 일이 아니다. 어차피 민주화 이전의 대통령들이 관심을 기울였던 것은 '정권 재창출'이 아니라 자신의 권력 연장이었다.

김영삼도 마찬가지였지만 김대중에게도 정권 재창출이라는 과제
는 버겁고 생소했다. 정보기관과 사법기관을 총동원해 감시하고 탄
압하는 독재정권과 싸우는 일은 늘 비밀스러울 수밖에 없었고, 야당
과 민주화운동 조직들 역시 불가피하게 시스템보다는 개인의 카리스
마에 의존할 수밖에 없었다. 그 수십 년간의 민주화운동 과정에서 가
장 빛났던 두 사람의 리더가 바로 김영삼과 김대중이었고, 그 두 사
람을 대체할 수 있는 이는 그들 주변에 아무도 없었다. 그렇게 평생
을 달려온 끝에 대통령이 되고 국가권력을 장악했을 때는, 이미 '후
계자'를 만들 시간적 여유가 남아있을 수가 없었다. 그들에게 주어진
시간은 고작 5년뿐이었기 때문이다.

더구나 대통령이 된 김대중에게 시간은 더욱 부족했다. 그는 IMF
경제위기의 아수라장 위에서 정권을 맡았고, 전임자인 김영삼과 그
가 이끌던 정부의 시스템은 거의 초토화되어있었기 때문이다. 그는
폭격을 맞아 초토화된 고지에 올라 다시 진지를 구축하듯 정부를 조
직했고, 정책들을 정돈했다. 게다가 '국민의 정부'는 김대중의 단독정
부로 출범한 것도 아니었다. DJP 연합을 통해 집권한 만큼 권력도 김
종필이 주도하는 자민련 세력과 나눠야 했고, 공동정부 안에서의 이
념적이고 정책적인 이질성을 극복하기 위해 끊임없이 조정하고 타협
하는 일에 분주해야 했다. 자기 진영 내부를 추스르면서 다음 선거를
준비할 여유가 없었던 것이다.

어지간히 일을 잘한다고 해도 문민정부 초기만큼 대단한 환호가

쏟아질 상황도 아니었다. 국민의 정부 임기 초기 대한민국은 신문지면에 부도와 도산과 실직과 자살, 가출과 이별과 눈물과 좌절 같은 단어들이 흘러내리는 잿빛의 세상이었다. 하지만 그 와중에도 김대중 정부는 '준비된 대통령'이라고 자신했던 것만큼 무난하게 일을 해나갔다. 우선 불가피한 과제로 주어진 구조조정과 산업구조 재편 과정에 기업과 노조를 참여시키고 지속적인 협의구조를 만듦으로써 갈등을 최소화하는 방안을 찾아냈다. 그리고 그 구조를 바탕으로 빠른 시간 안에 기업의 투명성을 제고하고 생산성을 높였고 동시에 적극적인 세일즈 외교를 통해 해외투자유치를 주도해 금융시장도 안정시킬 수 있었다. 물론 얼마 뒤 부작용이 생기긴 했지만 신용카드 사용을 권장함으로써 내수를 촉진하고 세수를 확대한 것 역시 경제의 빠른 안정화를 가능하게 한 요인이 됐다. 벤처기업과 IT 중소기업들을 대대적으로 지원한 것 역시 성과와 부작용이 동시에 나타나긴 했지만, 장기적인 관점에서 경제의 미래 동력을 보강한 점을 평가할 만했다. 그런 노력을 통해 한국경제는 빠르게 활력을 되찾았고, 2001년 8월 23일, IMF로부터 빌렸던 195억 달러를 모두 상환하고 '조기졸업'을 선언할 수 있었다.

흔히 '햇볕정책'이라고 불렀던 대북포용정책을 통해 남북 간의 긴장을 해소하고 경제협력의 물꼬를 튼 것도 중요한 성과였다. 개성공단과 금강산 관광사업이 시작됐고, 분단 이후 최초의 남북정상회담을 성사시키기도 했다. 그리고 2000년에는 김대중 대통령이 남북 간의 화해협력 증진을 통해 세계평화에 기여한 공로를 인정받아 노벨평화상 수상자로 선정되어 국제적 위상을 높이는 계기가 되기도 했다.

자민련과의 공동정부 구성이 순전히 부담으로만 작용한 것은 아니다. 자민련 쪽의 인력공급통로를 통해 과거 정부에서 풍부한 행정경험을 가진 경제관료 출신 전문가들을 대거 수혈해 IMF 위기를 극복하는 데 일조하기도 했고, 의회 안에서도 연합여당 구성을 통해 수적 우세를 유지함으로써 야당의 견제에 능동적으로 대처할 수도 있었다. 하지만 대북정책에 대한 이견, 그리고 총리의 내각 인사권에 대한 이해의 차이 때문에 갈등이 이어졌고, 결국에는 3당 합당 때와 마찬가지로 DJP 연합 역시 내각제 합의가 깨지면서 두 세력의 연합정부 역시 중도에 막을 내리게 된다. 2001년 9월, 신한국당이 제출한 임동원 통일부 장관 해임 건의안에 대해 자민련이 동조함으로써 연합이 깨지고 자민련 측 인사들도 내각에서 철수하게 되면서 김대중 정부는 소수파 정권으로 전락하게 된다.

원내 다수 의석을 차지하지 못했다고 해서 정권의 수명이 끝나는 것은 물론 아니다. 하지만 김대중 정부가 소수파로 전락한 것은 이미 임기의 후반부에 들어설 무렵이었고, 정상적인 궤도를 유지했다고 하더라도 흔히 '레임덕'이라고 부르는 권력누수현상을 피하기 어려울 시점이었다. 그런 상황에서도 여전히 김대중 대통령을 이어서 '국민의 정부 2기'를 이끌어갈 만한 리더는 보이지 않았다. 그리고 차기 대통령 선거를 1년 남짓 남겨둔 시점에서 그것은 이미 정권 재창출이 불가능하다는 조짐으로 읽혔다. 대통령과 정부에 대한 언론의 비판이 점점 더 매서워졌고, 관료조직 전반에도 기강이 느슨해지는 흐름이 역력했다. 집권 여당인 새천년민주당(국민회의는 2000년 제16대 국회의원선거를 앞두고 각계 인사들을 영입해 몸을 불리면서 새천년민주당으로 간판을 바꿔 달고 있었다)의 제16대 대통령선거 후보자 선출을 위한 경선을 시작한 2002년 1월은 바로 그런 암울한 분위기가 당 안팎에 팽배하던 시점이었다.

그때 민주당 안에서 가장 유력한 인물은 역시 직전 15대 대통령선거 때 민자당을 뛰쳐나가 독자 출마해 김대중, 이회창에 이어 3위를 하며 500만 표를 득표한 이인제였다. 15대 대선 기간 중에도 한때나마 지지율 1위를 달린 적도 있을 만큼 전국적인 지명도가 확실했고, 합당 형식으로 들어온 뒤에는 16대 국회의원선거 선거대책위원장을 맡은 적도 있을 정도로 당내 위상과 경력도 충분했다. 실제로 대선 여론조사에서도 이미 몇 년째 민주당 안에서는 가장 높은 지지율을 기록하고 있는 것 역시 그였다. 하지만 문제는 그 여론조사에서 늘 이인제보다 높은 순위를 기록하는 이가 다른 당에 있었다는 점이다. 바로 지난번 대선에서 이인제의 경선불복과 독자출마 때문에 큰 타격을 입고 낙선의 쓴맛을 봐야 했던 한나라당 이회창 총재였다.

안방 대세론

—

　김영삼과 김대중이 차례로 대통령직을 거치면서 선거라는 무대에서 물러난 마당에 한국 정치에서 가장 강력한 존재감을 뽐내는 것은 단연 이회창이었다. 대한민국 법조계가 배출한 사상 최고의 엘리트로서 감사원장과 국무총리를 지낸 데 이어 정계 입문 반년이 채 못되어 집권 여당의 대선 후보와 총재직을 움켜쥔 사나이. 더 이상 화려할 수 없는 '스펙'을 자랑하는 데다가, 여전히 광범위한 지지기반을 가진 거대 보수정당의 유일한 대안이 바로 이회창이었다. 대한민국 정치사에서 집권당의 대선 후보로서 낙선을 경험한 최초의 인물이라는 꼬리표가 붙긴 했지만, 그 패배의 원인을 온전히 이회창 개인에게만 돌릴 수는 없는 일이었다. 김영삼 정부의 실정만 없었다면. 최소한 IMF 경제위기만 없었다면. 김종필, 이인제, 박태준, 박찬종 같은 이들이 차례로 갈라져 나가서 등에 칼을 꽂지만 않았더라면. 이회창을, 혹은 한나라당을 지지하는 이들의 머릿속에 따라붙는 아쉬운 가정은 끝도 없었다. 그래서 김대중처럼 막강한 상대도 없고, 더 이상 갈라져 나갈 당내의 중량급 경쟁자도 없는 데다가, 당대표로서의 이력을 5년 더하면서 정치적으로도 한층 성장한 이회창이 다음 대선에서 당선되지 못할 이유는 전혀 없어 보였다. 게다가 상대편인 민주당에서 가장 높은 지지율을 기록하고 있는 인물이 바로 이인제라는 점도 마음을 편하게 했다.

지난 15대 대통령 선거 때 이인제가 가장 많은 표를 얻은 곳은 부산, 울산, 경남 지역이었다. 그곳은 이인제의 고향도 아니고 도지사를 지낸 곳도 아니었다. 별다른 연고가 없었다. 그런데도 많은 표를 얻을 수 있었던 것은 그 지역을 대표하는 정치인이었던 김영삼과 연결되는 이미지를 통해 호감을 얻었기 때문이고, 반대편에 선 김대중을 이겨줄 수 있는 후보라는 계산에서 전략적 선택을 받았기 때문이었다. 하지만 그가 이회창의 표를 분산시켜 김대중을 당선시킨 1등 공신이었다는 점이 입증된 상황, 그리고 그가 결국 대통령이 된 김대중과 한솥밥을 먹으며 그 후계자가 되겠다고 나선 상황에서 영남권의 표심이 여전히 그를 호의적으로 봐줄 가능성은 거의 없었다. 그래서 이회창으로서는 지난번에 분열됐던 영남의 표심을 묶고, 김종필이 정치무대에서 퇴장하면서 무주공산으로 남겨진 충청권에서 지난번 빼앗겼던 표의 일부를 회복한다면 어느 모로 보나 패배하기 어려운 게임이 다가오고 있었다.

　여야를 막론하고 '이변이 없는 한 다음 대통령은 이회창'이라는 전망에 이견을 가진 이를 찾아보기 어려운 가운데 민주당 내에서는 '그래도 이인제 외에는 대안이 없다'는 공감대가 굳어지고 있었다. 민주당 집안에서는 '이인제 대세론'이 굳어지고 있었지만 대문만 나서면 온 세상이 '이회창 대세론'을 이야기하는 상황. 그래서 어느 언론인은 민주당의 이인제 대세론에 '안방 대세론'이라는 특별한 이름표를 붙이기도 했다. 일종의 '찻잔 속의 태풍'이라는 얘기였다. 어쨌든 그렇게 기이하게 나른한 구도 속에서 대통령 선거 날짜는 다가오고 있었다.

생방송 정치드라마, 국민참여경선
—

2002년 3월 9일, 제주도를 시작으로 새천년민주당의 대선 후보 지역 순회 경선 투표가 시작되었다. 후보로는 자타가 공인하는 최강자 이인제가 있었고, 여섯 명의 후보(김중권, 한화갑, 김근태, 노무현, 정동영, 유종근)가 그에게 도전하는 형세였다. 여섯 명의 도전자 중에서 그나마 다크호스로 꼽힌 것은 박정희 정권 시절부터 김대중 대통령의 참모로 일해왔고 동교동계 신파의 수장으로 불리던 한화갑과 경선 개시 직전까지 당대표를 지낸 김중권 정도였고, 상대적으로 젊고 개혁적인 성향이 강했던 김근태-노무현-정동영 세 후보는 혹시라도 단일화해서 하나로 힘을 모을 수 있다면 나름의 경쟁력을 가질 수 있다는 평을 듣는 정도였다. 정가의 관심은 김대중 대통령의 직계라고 할 수 있는 동교동계가 그나마 상대적으로 높은 여론의 지지를 받는 이인제라는 정치적 양자를 택할 것인가, 아니면 그래도 같은 뿌리라고 할 수 있는 '친자' 한화갑을 선택할 것인가에 모여 있었다. 전자라면 경선은 싱겁게 끝날 수 있겠지만, 후자의 흐름이라면 제법 막판까지 접전 양상으로 갈지도 모르겠다는 전망이었다.

그런데 변수가 하나 있었다. 그해 민주당의 경선은 한국정당 역사 상 최초로 시도되는 '국민참여경선' 방식으로 치러졌다는 점이다. 당 원이 아닌 일반 국민들도 정당의 대선 후보 결정 과정에 참여할 수 있게 한 것인데, 당시에 채택된 규칙은 일반 국민과 당원 및 대의원 을 50%씩(대의원 20%와 일반당원 30%) 참여하게 하는 '제한적 오픈 프라 이머리'였다. 일반 국민들에게 경선 과정을 개방함으로써 오랫동안 조직을 운영하며 당내 지분을 확대해온 인사들의 결정권을 축소하고 일반 국민의 여론을 높이 반영함으로써 좀 더 큰 본선 경쟁력을 확보 할 수 있다는 취지로 도입된 제도였다. 하지만 정당의 후보를 결정하 는 일인 만큼 당원의 뜻 역시 무시할 수 없다는 의견을 반영해 당원 과 대의원에게 일정한 비율을 배정하는 형태로 절충했던 것이다.

물론 그 이전까지는 당원들에게만 후보 선출권을 부여해왔으며, 그중에서도 각 지구당별로 배분된 대의원들의 투표로 결정하는 것 이 일반적인 방식이었다. 그런데 그 대의원들이란 각자가 속한 지구 당위원장들에 의해 선정되다시피 한 것이었고, 또 각 지구당위원장 들이란 몇몇 지도부 실력자들의 타협과 배분에 의해 결정되는 것이 다 보니 실제로 대의원 투표의 결과는 몇몇 실력자들의 의중에 달려 있는 것이나 다름이 없었다. 예컨대 과거 평화민주당에서 대의원들 이 어떤 의제를 가지고 표결을 하든 김대중이라는 보스의 의지와 어 긋날 수는 없는 것이며, 통일민주당에서는 김영삼의 뜻과 달라질 수 없는 것이었다. 그래서 민자당처럼 여러 당파가 합체된 정당의 경우에는 각 계파 보스들의 협상을 통해 이미 대체적인 윤곽이 그려지고, 전당대회를 겸해서 열리는 대의원 투표를 통해서는 추인만 이루어지는 방식으로 진행되곤 했던 것이다.

민주당도 크게 다를 것이 없었다. 김대중이 정계 복귀와 동시에 창당한 국민회의를 모태로 이인제, 이종찬, 서영훈, 김중권 등 외부 인사들을 영입할 때마다 일정한 '지분'을 떼어주면서 몸집을 불렸고, 그들 각자가 조금씩의 결정권을 가지긴 했지만 역시 절대다수의 지분은 김대중 대통령과 그 직계인 '동교동계'가 지배하고 있었다. 그런데 2000년 12월 2일 청와대에서 열린 민주당 최고위원회 회의에서 시작된 '정풍운동'이 미묘한 변화를 몰고 왔다.

그 자리에서 재선의원 정동영은 동교동계의 맏형으로 불리던 당의 2인자 권노갑 고문의 비리 의혹과 패권적 행태에 대해 면전에서 비판하며 2선 퇴진을 요구했고, 역시 재선으로 당내 신진소장파들을 대표하던 신기남과 천정배 등이 동조하면서 '정풍운동'이라는 이름의 당 쇄신운동이 시작되었다. 당내에서는 원로에 대한 무례하고 무책임한 공격이라는 쪽과 기득권을 과감하게 내려놓고 국민 속으로 들어가는 쇄신 과정 없이는 재집권을 기대하기 어렵다는 옹호론이 팽팽하게 맞섰다. 그로부터 우여곡절과 논쟁의 과정들이 있긴 했지만, 결국 보름 뒤 권노갑 고문이 2선으로 퇴진하면서 사태는 일단락 됐다. 그리고 정풍운동 주도세력의 주장대로 기존 대주주들이 기득권을 내려놓는 차원에서 '국민참여경선' 방식으로 대통령 후보를 뽑기로 했던 것이다.

물론 그 시점에서 당내에서 가장 유력한 대선 후보감으로 꼽히던 이인제 역시 개의치 않는다는 뜻을 밝혔기 때문에 쉽게 가능해진 일이기도 했다. 당원들뿐 아니라 일반 국민들을 대상으로 한 여론조사에서도 당내에 이인제를 능가하는 것은 고사하고 근접한 지지율을 보인 인물도 전혀 없었기 때문이다. 이인제의 입장에서는 당원들에게 묻는 쪽보다 오히려 일반 국민들의 뜻을 물어 결정하는 쪽이 오히려 더 안심되는 측면도 있었다. 전자라면 당내 유력 그룹들이 막후에서 다른 방식의 밀약을 맺음으로써 자신을 '팽' 시킬 수도 있겠지만, 후자라면 그것마저 불가능해질 것이기 때문이었다.

첫 번째 경선이 열린 제주도에서 1위를 차지한 것은 한화갑이었다. 이인제가 1위를 놓친 것은 의외였지만 선거인단의 규모가 작은 곳이었고, 그래서 조직력에서 앞선 한화갑의 장기가 발휘될 수 있는 곳이었다. 그리고 두 번째로 경선이 치러진 울산에서 1위를 한 것은 노무현이었다. 그것 역시 의외이긴 했지만, 노무현이 그곳에서 멀지 않은 부산 출신이라는 점에서 납득할 수 있는 일이었다. 하지만 세 번째 경선이 치러진 광주에서 벌어진 일은 엄청난 사건이었다. 호남 출신인 데다가 수십 년간 김대중을 보좌하며 광주 시민들과 정신적인 유대를 유지해온 한화갑도, 동교동계 다수의 지지와 지원을 받던 선두주자 이인제도 아닌 부산 출신 노무현이 무려 38%를 득표하며 또다시 1위를 차지해 종합 선두로 나섰던 것이다.

민주당 인천지역 국민경선이 열리는 인천전문대체육관 연단에서 정견 발표하는 노무현 후보

광주는 민주화의 성지라 불리는 곳인 동시에 민주당의 모태가 되는 곳이다. 그곳은 경선이 치러지는 16개 권역 중의 한 곳에 불과한 곳이 아니었다. 그곳에서 아무런 지역적 연고가 없는 노무현을 선택한 것은 그가 벌여온 지역주의 타파를 위한 싸움에 대한 인정이었고, 동시에 그랬던 그라면 지역적으로 분할된 선거 구도의 불리함을 뚫고 민주당에 승리를 가져올 지도 모른다는 기대를 담은 전략적 선택이었다.

광주 경선을 앞두고 두 차례 경선에서 모두 최하위권으로 처진 김근태와 유종근이 사퇴했다. 당내 진보적 성향의 대표 격이었던 김근태는 노무현과의 단일화 압력을 받고 있었고, 전북지사로서 '대통령의 경제교사'라 불렸던 유종근은 경선 도중에 비리 사건 의혹까지 터

지면서 버틸 수가 없게 됐다. 광주경선에서 3위에 그친 한화갑은 대전 경선을 마친 뒤 경선을 포기했고, 노무현에게 밀리면서 '영남 출신 후보'라는 강점을 잃게 된 전 당대표 김중권 역시 고심을 거듭한 끝에 경남 경선을 앞두고 사퇴했다. 정동영 역시 버티고는 있었지만 울산, 광주, 대전, 충남, 강원에서 내내 100표도 얻지 못하는 군소후보로 전락하며 관전하는 이들의 관심 밖으로 밀려나고 말았다. 사실상 광주 경선 이후로는 차기를 바라보며 완주에 의미를 두는 쪽으로 선회할 수밖에 없었다.

이인제는 자신의 연고지인 대전과 충남으로 이어진 4, 5차 경선에서 승리하며 간신히 희망의 불씨를 살리긴 했지만 6차 강원 경선에서 또다시 노무현에게 패배하자 판세가 확실히 기울었음을 느낄 수밖에 없었다. 뒤늦게 '김대중 대통령과 연청을 비롯한 그 직계들이 은밀하게 노무현 후보를 돕고 있다'는 의혹을 제기하며 판을 흔들려고 했지만 오히려 원래 우군이었던 동교동계의 일부마저 등을 돌리면서 흐름을 불리하게 만들 뿐이었다. 반면 노무현은 경남에서 열린 7차 경선에서 72%를 독식한 데 이어 대구, 인천, 경북, 전남에서도 과반수를 득표했다. 결국 이인제는 노무현의 텃밭인 부산 경선을 앞둔 4월 17일에 경선 포기를 선언하고 말았고, '경선 지킴이'를 자처한 정동영 덕분에 부산, 경기, 서울을 마저 돌며 컨벤션효과를 누릴 수 있긴 했지만 실질적으로 노무현이 민주당의 대통령선거 후보로 결정된 것은 그 날이었다.

경선 과정에서 민주당과 노무현의 지지율은 큰 폭으로 동반 상승했다. 무려 16차례에 걸쳐 펼쳐진 지역별 토론과 연설회가 하나하나 언론의 주목을 받았고, 막 확산되기 시작한 초고속인터넷망을 타고 실시간으로 중계방송된 지역별 개표의 순간마다 수백만의 네티즌들이 손에 땀을 쥐었다. 게다가 역전에 역전을 거듭한 끝에 최약체가 최강자를 꺾는 극적인 요소는 정치에 대한 관심이 적었던 젊은층과 여성층까지도 정치적 논쟁의 장에 끌어들였다.

경선을 시작하던 시점에서 2% 안팎에 불과했던 노무현의 대선 지지율은 광주 경선을 전후해서는 이인제를 추월했고, 다시 그 며칠 후에는 한나라당 이회창마저 압도하기 시작했다. 광주 경선 사흘 뒤인 3월 19일에 SBS가 의뢰한 여론조사에서 노무현은 처음으로 이회창과의 맞대결에서 앞서는 것으로 나타났는데, 52%대 37%로 무려 15% 포인트나 앞선 것으로 나올 만큼 빠르고 가파른 상승세였다. 직전 여론조사에 비해 최소한 서너 배 이상 지지율이 폭등하는 추세였고, 언론 지면에 '노풍'이라는 단어가 등장하게 한 내력이었다. 태풍의 핵이 바뀌더니, 찻잔을 깨뜨리고 나와 집채를 날려버리기 시작했다. 순식간에 이인제라는 변수가 날아가 버렸고, 이회창 마저 휘청대기 시작했다.

정몽준과 후단협

—

물론 노무현의 지지도가 대통령선거가 끝날 때까지 계속 고공 행진한 것은 아니다. '노풍'이라는 단어에 포함되어있는 의미처럼 그것 역시 일종의 '바람'이었고, 잦아드는 고비가 있었다. 월드컵을 전후한 기간에 노무현의 지지도는 하강 곡선을 그렸고, 이회창에게도 역전을 허용하고 말았다. 몇 가지 요인이 있었다.

예상보다도 훨씬 뜨겁게 달아올랐던 월드컵이 흐름을 끊은 면도 있었고, 월드컵의 바람을 타고 올라온 정몽준에게 지지층의 일부를 잠식당한 면도 있었으며, 월드컵 기간에 치러진 지방선거가 터무니없이 낮은 참여 속에서 한나라당의 압승으로 끝난 것도 한 가지 이유가 됐다. 그 선거의 전국 투표율은 48.9%였고, 16개 광역단체장 중에서 민주당이 당선자를 낸 곳은 광주, 전남, 전북과 제주 단 4곳뿐이었다. 전통적으로 보수적 유권자들의 투표 참여 성향이 훨씬 강하며, 투표율이 낮아질수록 보수정당의 득표율도 높아지는 경향이 있다.

하지만 가장 중요한 것은, 당 안에서 철저한 비주류였던 노무현이 당 조직을 장악하는 데 실패했다는 점이었다. 노무현은 당내 경선이 시작되던 2002년 1월까지 현역의원 중 단 한 명의 지지도 얻지 못하는 철저한 비주류였다. 김근태와 단일화할 것을 요구하며 관망하던 천정배가 광주 경선을 앞두고 지지를 선언하며 캠프에 합류한 것이 현역의원으로서는 최초였고, 김근태가 사퇴한 뒤에야 몇몇 진보적 성향의 의원들이 가담하기 시작했을 뿐이었다. 경선이 끝나고 후보로 결정된 뒤에도 정동영을 비롯한 몇몇 의원들이 추가로 돕기 시작했을 뿐, 이인제를 지지했던 동교동계를 비롯한 민주당 의원들의 다수는 협조적이지 않았다. 게다가 여름을 지나면서 노무현의 지지율이 떨어지는 기색이 보이자 그들은 '후단협', 즉 '후보단일화추진협의회'라는 단체로 결속해 당의 공식 후보인 노무현을 흔들어대기 시작했다.

'후보 단일화'란 당 밖에서 유력한 후보로 떠오르던 또 한 명의 정치인, 정몽준과의 단일화를 의미했다. 1992년 14대 대통령선거에 출마하기도 했던 현대그룹의 창업자 정주영의 아들이기도 한 정몽준은 당시에 대한축구협회장과 국제축구협회 부회장을 지내고 있었다. 그 무렵 한일월드컵에서 한국팀이 4강에 오르며 연일 수십만의 인파가 거리로 쏟아져 나와 '대한민국'을 외치는 신드롬을 일으키고 있었는데, 월드컵을 유치하고 국가대표팀 감독으로 거스 히딩크를 초빙해 전력을 강화하는 과정을 주도한 공을 인정받아 정몽준 역시 급격한 지지율 상승세를 타고 있었다. 주로 젊은층에서 높은 지지를 받고 있었기 때문에 노무현과 겹치는 층이 많았고, 단일화를 한다면 효과를 노릴 수도 있었다. 하지만 이미 정상적으로 마무리된 경선과정을 무작정 되돌리자고 할 명분을 찾지 못한 민주당 내 반노무현 진영 정치인들이 '단일화'라는 표현 뒤에 숨어서 사실상 요구했던 것은 노무현의 후보직 사퇴였다. 그들은 '후보 단일화'를 내세우면서도 '노무현으로 단일화된다면 받아들일 수 없다'는 말을 기자들 앞에서도 공공연히 내뱉는 자기모순조차 별로 신경 쓰지 않았다.

이미 공당의 공식 후보자로 결정되는 순간부터 지지율에는 개인적 인기 외에 소속 정당의 신뢰도도 반영될 수밖에 없다. 후단협의 극성스런 활동은 여러 가지 측면에서 노무현이라는 상품에 생채기를 냈다. 경쟁 후보가 아닌 당 내부로부터의 공격을 상대해야 하는 소모전도 피곤했지만 '자기 당도 안정화하지 못하는 무능한 리더'로 낙인찍히게 됐다는 점도 타격이 됐다. 물론 당선된다면 정부를 구성해야 할 민주당이라는 정당 자체에 대한 불신이 높아지는 것도 고스란히 후보의 지지도에 반영됐다.

후단협이 내세운 명분이 얼마나 그들의 진심과 동떨어진 것이었는지는 얼마 후 극적으로 드러나게 된다. 훗날 노무현과 정몽준이 여론조사를 통해 단일화에 성공했을 때, 오직 '이회창의 당선을 막기 위한 충심에서 두 후보의 단일화를 요구'했던 후단협 구성원들의 상당수가 오히려 민주당을 탈당해 '이회창의 당선을 돕겠다'며 한나라당에 입당하기까지 했던 것이다.

노무현 대 이회창

—

각자 수많은 우여곡절 끝에 결국 맞대결한 것은 노무현과 이회창이었다. 이회창은 일찌감치 당의 공식 후보로서의 입지를 굳혔지만 난데없이 불어온 '노풍'에 휘청거리며 한 차례 불안감에 휩싸이기도 했고, 지지율을 회복한 뒤에는 또다시 5년 전에 마무리된 줄 알았던 아들의 병역비리의혹이 되살아나면서 곤욕을 치르기도 했다. 애초에 밑바닥에서 시작해 60%를 넘는 지지율을 기록하기도 했지만 후단협이 일으킨 내분에 휘말리기도 하고 정몽준 진영과의 신경전에도 진을 빼는 등 수차례 급등과 급락을 거듭했던 노무현 역시 현기증 나는 선거전을 경험하고 있었다. 심지어 여론조사를 통해 단일화를 통한 노무현 지지를 선언하고 사퇴했던 정몽준의 경우에는 선거일 바로 전날 '노무현 지지 철회'를 선언하고 칩거에 들어가는 '몽니'를 부리기까지 했고, 노무현은 화해를 위해 정몽준의 자택을 찾았다가 문전박대를 당하고 돌아서는 수모를 당하는 일도 있었다.

노무현에게 지역주의라는 괴물과 용감하게 싸워온 진정성이 있었다면, 이회창에게는 가장 거대한 조직을 가장 완벽하게 장악하며 이끌어온 안정감이 있었다. 노무현은 함께 도전하고 싶은 모험의 의지를 자극했다면 이회창은 따분하고 찜찜하나마 조용히 따라가고 싶은 안락의 욕구를 충동질했다.

그 선거에서 노무현은 1,200만 표를 얻었고 이회창은 1,140만 표를 얻었다. 60만 표의 차이였고, 득표율로 보면 2.3%에 해당했다. 노무현은 부산 출신임에도 불구하고 영남지역에서 30%에 미치지 못하는 지지를 받은 반면 '전략적 선택'을 한 호남에서는 90%에 육박하는, 김대중 못지않은 집중적인 지지를 받았다. 반대로 이회창은 부산, 울산, 경남북과 강원도에서 노무현보다 많은 표를 얻었다. 그래서 승부가 갈린 곳은 수도권과 충청권이었다. 서울, 인천, 경기에서는 노무현이 70만 표를 앞섰고, 충청권(대전, 충남, 충북)에서는 25만 표를 앞섰다. 영남과 호남의 인구 차이에서 비롯된 열세를 모두 만회하고 남을 만큼의 승리였다.

그래서 특히 행정수도 이전에 관한 공약이 중요한 의미를 가지는 것이었다. 서울의 과밀문제를 해소하고 국토의 균형 있는 발전을 유도하기 위해 수도의 행정기능을 충청권으로 옮기겠다는 약속이었는데, 그것은 충청권의 유권자들이 그 지역 출신 이회창 대신 노무현에게 더 높은 지지를 보낸 중요한 요인이 되었다. 5년 전 김대중이 충청권에 대한 강력한 영향력을 가진 김종필이라는 인물을 포섭하는 전략을 썼던 것과 달리 이번에는 정책적인 구상을 통해 충청인들의 마음을 움직인 전략이었다. 또한 단지 충청권에 선물을 주는 의미에 그치지 않고 지역적 과잉과 공백의 문제를 동시에 해결함으로써 전국적인 균형발전의 전망을 제시했다는 점에서 더욱 높이 평가받을 만했다. 다만 그 공약은 당선 이후 헌법재판소의 위헌 결정 때문에 온전한 형태로 실행될 수는 없었고, 행정기능 일부를 분담하는 세종시를 건설하는 것으로 변형되어 축소되는 아쉬움을 남겼다.

바보 노무현

—

노무현이 정치에 입문한 것은 1988년 제13대 국회의원 선거를 통해서였다. 송기인 신부와 김희로 시인 등 지역 각계 인사, 그리고 김광일, 문재인 등 동료 변호사들과 함께 부산 민주시민협의회를 만들어 부산 지역의 6월 항쟁을 이끌었고 그 대표 격으로 김영삼의 통일민주당 공천을 받아 국회의원으로 당선되었던 것이다. 그 이전으로 거슬러 올라가면, 우연한 기회에 부산 지역의 유일한 인권변호사로 활동하던 김광일 변호사를 대신해 부산 지역 학생운동가들을 간첩의 하수인으로 조작했던 '부림사건' 변호를 맡으면서 정치와 사회 문제에 보다 관심을 가지게 됐던 것으로 알려져 있다. 부림사건 관련자들을 만나기 전까지는 그저 어려운 환경 속에서도 공부로 성공해 판사가 되고 변호사가 되어, 열심히 돈 벌어 즐기는 일에 바빴던 평범한 사회인이었다고 전해진다. 부림사건으로 구속되어 노무현 변호사의 조력을 받았던 당시 한 대학생은 첫 번째 변호인 접견 때 '부모님이 대학까지 보내주셨는데 왜 공부에 전념하지 않고 쓸데없는 일을 벌이고 다녔느냐'는 훈계를 들었다고 회상하기도 했다.

어쨌든 독특한 경로를 통해 뒤늦게 사회문제에 눈을 뜬 그였지만 정치인으로서의 출발은 꽤 일찍부터 빛이 났다. 초선 의원 시절 청문회에서 나직하되 날카로운 질문과 추궁으로 관료와 재벌들을 해부하며 '청문회 스타'라는 별명을 얻었고, 울산의 현대중공업 파업현장에

김영삼의 3당 합당에 반대하던 노무현 의원의 모습

내려가 연설을 했다가 '제3자 개입 금지' 위반 혐의로 기소되어 신선한 충격을 주기도 했다.

하지만 3당 합당에 반대하고 김영삼과 갈라서면서 고난이 시작됐다. 김영삼의 절대적인 영향력이 지배하던 부산에서 거듭 낙선의 고배를 들어야 했던 것이다. 1992년 14대 국회의원선거 낙선. 1995년 부산시장선거 낙선. 1995년 서울 종로 보궐선거에서 당선되면서 정치인으로서의 활로를 열었지만 2000년 제16대 국회의원선거 때는 또다시 부산 출마를 자청해서 다시 한번 낙선. 오히려 전국적인 명성과 인기를 얻은 정치인이었기 때문에 수도권에서도 얼마든지 당선될 수 있었음에도 끊임없이 부산에 도전하며 지역주의와 정면으로 맞서는 그를 '바보'라고 부르는 사람들이 나타났고, 최초의 정치인 팬클

럽인 '노사모'(노무현을 사랑하는 사람들의 모임)를 결성하기도 했다. 노무현이 국회의원과 시장을 합쳐서 부산에서 네 번째로 도전했던 2000년 16대 총선이 역시 낙선으로 마무리된 직후였다.

그때나 지금이나 정치인 노무현에 대해서는 호감을 가진 이도 있고 그렇지 않은 이도 있다. 또 그가 한 일에 대해 긍정적으로 평가하는 이도 있고 부정적으로 평가하는 이도 있다. 하지만 십여 년 가까이, 네 차례의 선거에 낙선을 감수하고 거듭 도전하며 지역주의와 맞선 과정의 진정성만큼은 부정할 사람이 많지 않다. 그것은 탄압의 공포와 고통이 승리의 희망을 압도하는 가운데서도 수십 년간 군사독재권력과 맞서 싸운 김영삼, 김대중이 보여준 것 못지않은 기개와 희생이다.

국민에게 희생의 의무는 없다. 용감해야 할 의무도 없다. 국민은 그저 합리적인 선택을 하는 것으로 충분하며, 다만 공동체를 생각하는 선의와 안목을 가지면 훌륭하다고 할 수 있다. 하지만 국민의 힘을 위임받겠다고 선거에 나서는 이들이 가져야 할 태도는 다르다. 그들은 국민을 대신해서 희생해야 할 의무가 있고, 국민을 대신해서 용감해야 할 사명이 있다. 이기심과 비겁함이 국민에게는 죄가 되지 않지만 정치인에게는 죄가 된다.

그러나 그 의무와 사명에 대해 진지하게 책임지는 이들을 만나기는 쉽지 않다. 노무현은 그 방향과 결과에 대한 이견의 여지에도 불구하고, 정치인의 의무와 사명을 무겁게 여긴 정치인이라는 점에서는 귀하게 기억할 만하다. 그 시대에 그를 주목하고 응원하는 이들이 생겨나기 시작하고, 그런 생각과 느낌이 번져가며 순식간에 대통령 지지도 1위로 밀어 올린 과정에는 바로 그런 발견과 평가에 대한 공감이 있었다.

민주당 경선이 한고비를 넘던 2002년 3월부터 월드컵이 국내에서 개최되며 모든 정치·경제·사회문화적인 이슈들을 삼켜버린 6월 이전까지 '노풍'이라는 바람은 온통 한국사회를 휩쓸었고, 노무현의 지지도는 이회창을 넘어서는 것에서 그치지 않고 60%를 넘나들며 모든 정치인과 정치학자와 정치분석가들을 경악하게 만들었다. 그것이 그대로 유지되지도 않았고, 실제로 그렇게 압도적인 득표로 이어진 것도 아니었다. 하지만 그것은 그저 단단해 보였던 보수적인 유권자 블록 안에 내심 '진정성을 갖춘 것이기만 하다면' 변화에 힘을 실을 의지를 가진 광범위한 사회적 욕구와 요구가 존재함을 입증한 것이기도 했다.

9 연속극, 뉴스를 넘다
: 제17대 대통령 선거 (2007)

1980년대에 정치나 경제 이슈를 다루는 잡지에서 이명박은 심심치 않게 등장하는 인물이었다. '독점인터뷰'도 제법 있었고, 그의 생애를 다루는 분석 기사도 종종 나왔다. 그는 '샐러리맨의 우상'이었고 '직장인의 신화'였다. 총수의 가족이 아닌 사람 중에서 일반 사원으로 입사해 5년 만에 대기업(현대건설)의 임원이 되고 12년 만에 사장이 된 유일무이한 인물이었기 때문이다.

그 신화의 결정판은 1990년 가을부터 1년 동안 KBS에서 방영된 드라마 〈야망의 세월〉이었다. 정의감에 불타서 학생운동에 헌신하다가 구치소 신세를 졌던 경력 때문에 취직할 수 없던 한 청년이 뜻있는 기업인을 만나서 취직을 하고, 또 열정을 다 해 노력함으로써 초고속으로 승진하고 기적적인 성과들을 만들어낸 끝에 사장이 되고 국가에도 크게 기여를 한다는 내용이었다. 그 드라마에서 탤런트 유인촌이 연기한 주인공 박형섭의 실제 모델이 이명박이고 그를 발탁해 키우는 장 회장(이영후 분)의 실제 모델이 현대그룹의 창업자 정주영이라는 사실은 당시에도 누구나 알 수 있었다. 심지어 제작진도 그

연관성을 굳이 숨기지 않았을 뿐 아니라 실제 모델들과 노골적인 도움을 주고받기까지 했는데, 예컨대 말레이시아 현지 촬영에 필요한 왕복항공권과 현지 숙식비용을 현대그룹으로부터 받기까지 할 정도였다. (더 길게 본다면, 이명박이 대통령에 당선된 뒤 유인촌을 문화부 장관에 지명했던 것 역시 '야망의 세월'과 떼어서 생각할 수 없는 인연의 끈이었다.)

당시에도 공영방송의 드라마가 특정 재벌을 미화한다는 비판이 없지는 않았다. 그래서 방송위원회로부터 사과명령이 내려지고, KBS 자체적으로도 드라마국장과 담당 PD에게 경고와 견책의 징계가 내려지기도 했다. 하지만 그 모든 논쟁과 별개로 드라마는 45%에 이르는 높은 시청률을 기록하며 인기를 누렸고, 현대그룹과 정주영 회장도 톡톡한 홍보 효과를 얻을 수 있었다. 하지만 그중에서도 가장 큰 혜택을 얻은 것이 주인공 역으로 조명된 이명박이었음은 물론이다. 이명박은 그 드라마가 종영한 이듬해에 현대건설 회장직을 퇴직하고 집권 여당 민자당에 입당해 전국구 의원직을 얻으면서 정치인으로서의 이력을 시작했다.

현대건설 시절의 그가 어떻게 그런 기적적인 출세 가도를 달릴 수 있었는지에 대해서는 몇 가지 설이 있다. 예컨대 그가 현대건설에 입사한 직후 청와대에 들어간 정주영이 박정희로부터 '이명박이라는 녀석 사람 좀 만들어라'라는 이야기를 들은 적이 있는데, 원래는 학생운동 경력이 있는 사람이니 조심하라는 뜻으로 한 이야기를 정주영 쪽에서 '잘 봐주라'는 의미로 오해했기 때문이라는 것도 그중 하나다. 또 다른 것으로는 이명박이 학생운동을 하던 시절부터 사실은 중앙정보부의 프락치였고, 그 대가로 취업과 승진 등의 혜택을 얻은 것이라는 설도 있다. 이명박은 고려대 상경대 학생회장으로서 한일 회담 반대 운동을 주도하고 수배를 당하다가 자수해서 집행유예 판결을 받은 적이 있는데, 사실은 중앙정보부가 동료들의 동향에 대한 정보를 제공받은 뒤 다른 학생들에게 변절자로 찍히지 않을 수 있게 끔 잠시 구치소에서 보호를 해주며 알리바이를 만들어준 것이었다는 이야기다. 하지만 어느 것도 확실한 근거를 찾기는 어려우며, 혹시 어느 쪽이 맞더라도 그의 기록적인 출세의 모든 비결을 설명해줄 수 있는 것도 아니다. 대통령이 잘 봐주라고 한마디 했다고 해서 회장까지 시킬 이유도 없었고, 은밀하게 정보기관의 앞잡이 역할을 했던 수많은 학생운동가가 다 그렇게 출세 가도를 달린 것도 아니다.

이명박은 특유의 저돌성으로 평범한 이들이 생각할 수 있는 것 이상의 규모로 일을 벌이는 사람이었으며, 또 어떤 수단과 방법을 동원해서든 벌인 일을 마무리해내는 근성 정도는 가지고 있었던 것으로 보인다. 그리고 그런 그의 스타일이 현대그룹과 잘 맞았고, 또 엄청난 건설 부문의 확장을 통해 경제 규모를 불려가던 개발독재 시대와도 잘 맞았던 것으로 볼 수 있다. 그는 말하자면 대한민국의 70년대와 가장 잘 맞아떨어지는 성격의 직장인이자 경영인이었고, 박정희와 정주영의 손발로서 중용되기에 가장 적합한 성격을 가진 인물이었다고 보는 것이 가장 옳을 듯하다.

선거 유세를 하는 이명박 후보의 모습

    그런데 그런 성공신화가 인터뷰나 분석기사의 형태로 잡지에 실리는 것과 드라마로 각색되어 공영방송의 전파에 실리는 것은 완전히 다른 문제였다. 전자는 최소한의 객관적 틀을 유지했지만 후자는 어려운 환경에서 시작해 결국 큰 성공을 거둔다는 극적인 얼개만을 남긴 뒤 그 사이의 모든 공간을 낭만적인 상상과 허구로 채워 넣었기 때문이다. '야망의 세월' 속에서 이명박은 성실성과 헌신성과 창의성을 두루 갖춘 훌륭한 직장인인 동시에 로맨티시스트였고, 또한 정의를 위해 타협하지 않는 열혈청년이면서 애국자이기도 했다.

    하지만 그 시대 대한민국 최대의 건설회사를 키우기 위해서는 정의감이나 낭만이나 애국심 정도는 잠시 묻어두어야만 했다는 것은 알 만한 사람은 다 아는 사실이다. 이명박도 당연히 예외는 아니었다. 그는 현대건설 사장과 회장으로 재직하는 동안에만 건축법, 도시공원법, 도시계획법, 폭력처벌법, 근로기준법, 증권거래법 등을 위반한 혐의로 10여 차례 입건되거나 기소된 적이 있으며 정치를 시작한 이후로는 공직선거법과 선거부정방지법, 공직자윤리법 등을 위반한 혐의로 또다시 10여 차례 입건되거나 기소된 바가 있었다. 특히 제15대 국회의원 선거 때는 종로에 출마해 노무현, 이종찬 등 야권의 거물들을 꺾고 일단 당선되는 데는 성공했지만 그 과정에서 선거법을 위반한 사실이 뒤늦게 밝혀지고 대법원까지 간 끝에 최종적으로 유죄 판결을 받으면서 피선거권을 박탈당한 일도 있었다. 그 외에도 무고죄, 사기죄, 명예훼손죄, 성매매특별법 위반 등의 의혹이 제기되거나 고발을 당한 일도 적지 않았다. 그 모든 혐의가 분명한 사실에 근거한 것이라고 볼 수는 없지만, 최소한 원칙을 위해 목숨을 거는 '야망의 세월' 속 박형섭과 거리가 먼 인물이라는 점은 분명하다고 말할 수 있다. 하지만 '야망의 세월' 신화는 이명박이라는 정치인에 대해 대다수의 국민이 알고 있는 거의 모든 것이라는 점에서, 2007년 이후 5년간의 한국에서 숱한 논쟁적인 일들이 비롯된 지점이라고 해도 크게 틀린 말이 아니다.

참여정부의 실패

―

제17대 대통령선거는 한나라당 입장에서 비교적 어렵지 않은 게임이었다. 노무현 정부는 임기 내내 격렬한 논쟁의 대상이 되고 극단적인 평가를 받았지만, 임기 말의 국정지지도는 30% 안팎에 불과했다. 이전 정부들과 비교해서 특별히 낮다고 할 수는 없어도 최소한 '그대로 5년 더'를 원하는 이들이 많지 않았다는 점은 분명하다.

참여정부가 실패했다고 단정하긴 어렵다. 다시 한번 남북정상회담을 성사시키고 개성공단을 활성화하면서 남북 간의 화해 협력 관계를 강화한 것도 긍정적인 면이 많았고, 전자정부의 기틀을 잡아 공공업무의 효율을 높이고 기록 관리를 강화한 것도 시간이 갈수록 더 높게 평가될 만한 대목이다. 그리고 무엇보다도 사정기관과 정보기관에 대한 통제를 스스로 놓음으로써 민주적인 분권의 가치를 진전시키고 탈권위주의적인 정치문화를 성장시킨 것은 한국 민주주의 발전에 대한 의미 있는 기여였다고 평가할 수 있다. 또 온전히 정권의 공으로 돌리긴 어렵지만 호주제가 폐지되고 성매매특별법이 강화되고 독립운동가 서훈의 범위가 확장된 것도 참여정부의 의지가 얹히면서 더 수월하게 이루어질 수 있었던 일들이다.

하지만 그런 적지 않은 중요한 진전에도 불구하고 참여정부에 대한 부정적인 평가가 긍정적인 평가를 압도한 데는 몇 가지 이유가 있다. 우선 수많은 부동산대책에도 불구하고 결국 부동산 가격 급등을 막지 못한 것과 비정규직 노동자들에 대한 처우와 보장이 오히려 후퇴한 것처럼, 특히 많은 이들이 체감할 수 있는 불만 요소들을 확대한 것이 큰 문제였다. 정치문화의 개선은 중요하지만 구체적이지 않고 체감하기도 어려운 성과인 반면 집값과 전셋값이 폭등하고 고용이 불안해지는 것 같은 일들은 가깝고 절실한 타격이었기 때문이다.

또 한 가지는 하필 참여정부의 지지기반인 진보적 언론과 시민사회를 등 돌리게 만드는 정책들이 유난히 많았다는 점이다. 이라크 국군 파병, 한미 FTA, 신자유주의적 노사관계에 관한 정책들과 재벌에 대한 관용적인 대응들. 그것은 오히려 보수층을 열광하게 하고 진보층을 분노하게 한 것들이었다. 진보층의 분노는 그대로 지지기반의 균열로 다가왔지만 보수층의 열광이 지지로 연결될 가능성은 높지 않았다.

혹자는 그런 난해한 참여정부의 행보가 재벌이나 보수집단을 향한 어설픈 구애의 손짓이었다고 비난하기도 했다. 하지만 아마도 그보다는 당장 유권자들이 원하는 것을 따라가기보다 나름대로 옳다고 여기는 방향을 제시한 다음 국민의 심판을 기다린다는 정치인 노무현의 정치철학이 고집스럽게 관철된 것이라고 보는 것이 옳지 않을까 싶다. 노무현은 30대 변호사 시절 시국사범을 변호하면서 사회문제에 눈을 떴던 것처럼 늘 다시 배우고 진화하는 특징을 가진 특이한 사람이었던 만큼 대통령의 자리에서 진보와 보수로 나눌 수 없는 주제와 입장에 대해 고민했을 가능성이 높다. 하지만 그런 노무현의 소신은 지지자들의 생각과 제법 많은 영역에서 어긋나고 말았다.

거기에 한 가지 덧붙인다면, 스스로의 선의만 믿고 '통 크게' 던진 정치적 승부수들이 결국 실패했을 뿐 아니라 지지세력과 반대세력 중 어느 쪽으로부터도 환영받지 못했던 대목을 짚고 싶다. 예컨대 대연정 제안이 그랬다. 사후적으로 짚어 봐도 어떤 속임수나 정략적인 계산이 숨어있지는 않았던 제안이었고, 성사됐다면 한국사회를 한 단계 전진시킬 가능성도 있는 구상이긴 했다. 하지만 결과적으로 그것은 제안의 상대로부터 조롱당한다는 느낌을 받게 하거나 '흔들려는 속셈'이라는 오해를 샀고, 지지층으로부터도 격렬한 반대와 비판을 불렀다. 당연히 별다른 소득도 없었다.

그렇게 오판하고 실패하고 오해받고 왜곡 당하며 좌충우돌하는 가운데 참여정부는 양쪽으로부터 공격받는 신세로 전락했고, 정권 재창출의 동력 역시 상실하고 말았다. 하지만 국민의 정부 말기 암울한 분위기 속에서 '노풍'이 불었듯, 그해에도 경선 과정에서 새로운 드라마를 만들어내면서 정권 재창출의 동력을 만들 가능성은 남아 있었다. 2007년 8월, 민주당과 열린우리당의 분당과 합당 과정을 거쳐 재탄생한 '대통합민주신당'의 대통령선거 후보자 선출을 위한 당내 경선이 시작되었다.

국민회의 시절 정풍운동을 함께 추진했고 열린우리당의 창당도 함께 주도했던 일명 '천신정' 그룹의 천정배, 신기남, 정동영이 모두 후보로 나섰고 참여정부에서 총리를 지낸 한명숙과 이해찬이 가세했으며 복지부 장관과 행정자치부 장관을 지낸 유시민과 김두관, 그리고 국민회의 시절부터 차세대 여성 지도자감으로 늘 첫 손에 꼽혔던 추미애도 출사표를 던졌다. 그리고 한나라당 경선 후보였다가 갑자기 말을 갈아탄 손학규가 또한 입당과 동시에 후보자 등록을 마쳤다. 하지만 1차 여론조사를 통해 하위 4명(신기남, 천정배, 김두관, 추미애)을 컷오프시키면서 5명으로 압축됐고, 본경선 진행 중에 유시민과 한명숙이 이해찬 지지를 선언하며 중도 포기해 최종적으로는 손학규, 정동영, 이해찬의 3파전으로 압축되었다.

그런데 그 세 사람의 경쟁과 토론 과정에서는 어떤 쟁점도 생산되지 못했으며 어떤 차별점도 어필하지 못했다. 5년 전과 같은 드라마 역시 만들어내지 못했다. 경선 내내 뉴스에서 다뤄진 것은 후보자 결정에 있어서 여론조사의 반영 비율을 얼마로 할 것인가를 놓고 정동영과 손학규 두 사람이 벌인 입씨름뿐이었다. 게다가 경선 중반에 정동영 후보 측이 흔히 '박스떼기'(선거인명부를 박스째로 모아서 한꺼번에 접수하는 조직 동원)라 불리는 편법적인 수단까지 동원하다가 적발되기도 하고 손학규 후보 측이 경선을 거부하고 칩거하는 파국으로 번지기도 하면서 침몰해버리고 말았다. 그런 모습은 '어떻게든 야당의 후보가 되기만 하면 어차피 고정지지층이 나와서 찍어주게 되어 있다'는 오만으로 비쳤고, 결국 외면받은 이유가 되고 말았다.

이명박 vs 박근혜

—

한나라당의 경선이라고 해서 대단히 모범적이고 아름다웠던 것은 물론 아니다. 한나라당에서는 홍준표, 원희룡, 고진화까지 모두 다섯 사람이 입후보하긴 했지만 결국 박근혜와 이명박의 대결로 압축될 수밖에 없었는데, 두 사람 사이에 엄청난 폭로전과 비방전이 이어졌기 때문이다. 박근혜는 이명박이 과거 선거법을 위반해 피선거권을 박탈당했던 사실과 도곡동에 땅을 차명 소유하고 있다는 의혹을 집중적으로 제기했고, 이명박은 박근혜의 정수장학회 관련 의혹과 최태민 목사와 관련된 추문들에 대해 정보들을 수집하고 폭로했다.

박근혜가 가진 정치적 자산의 태반이 그 아버지인 박정희로부터 나온다는 것은 세상 사람이 다 아는 사실이었다. 하지만 어쨌든 그것이 선거 현장에서 막강한 힘을 발휘했고, 특히 대구 경북 지역에서는 당락을 가르는 절대적인 힘으로 작용한다는 것을 부정할 수 없었다. 2002년 대선 당시에 기업들로부터 돈이 가득 실린 승용차와 트럭을 통째로 넘겨받는 방식으로 수백억의 불법 정치자금을 뜯어낸 사실이 밝혀지면서 코앞의 선거에서 대패를 당할 위기에 처해있던 2004년 제17대 국회의원 선거 때 박근혜가 비상대책위원장으로 복귀해서 현장을 누비자 숨어있던 지지층이 다시 돌아왔던 것은 그 위력을 입증하는 중요한 사례이기도 했다. 박근혜는 당내에서 '선거의 여인' 혹은 '선거의 여왕'이라는 별명으로 통했다. 그렇게 선거 때마다 강력한 지원 유세의 위력을 발휘한 그녀에게 신세를 진 국회의원이 하나둘이 아니었고, 그것은 그대로 박근혜의 강력한 당내 기반이 되어주었다.

하지만 이명박에게는 그런 박근혜가 가지지 못한 세 가지 강점이 있었다. 첫째는 남자라는 점, 둘째는 상속이 아닌 '자수성가'의 신화를 가지고 있다는 점, 셋째는 독실한 기독교인이라는 점이었다.

2007년의 한국사회가 여성 대통령을 용납하지 못할 만큼 뒤떨어지고 고루했던 것은 아니다. 하지만 한나라당 당내 경선에서 경쟁하는 것은 보수층의 표심이었고, 그 안에서는 여전히 여성이라는 점이 약점으로 작용했다. 더구나 그 1년 전 북한에서 최초의 핵실험이 감행되면서 안보위기감이 보수층의 주요 관심사로 떠오른 상황이었고, '여자 대통령은 군사적 충돌 상황에 대한 대처가 약할 것'이라는 인식이 힘을 발휘했다.

또 한 가지, 아무리 보수적인 생각을 하고 있고, 박정희 시대에 대한 향수를 가지고 있다고 해도, 역시 상속받은 것보다는 스스로 이룬 것에 더 높은 점수를 매기는 것은 다르지 않았다. 이명박은 말단 사원으로 입사해 대기업의 회장에 올랐던 '샐러리맨 성공신화'에, 서울시장 시절에 이룬 대중교통체계 개혁과 청계천 복원 등의 치적을 더해 '대단한 추진력을 갖춘 인물'이고 '뭔가 가시적인 성과를 만들어낼 수 있는 지도자'라는 단단한 이미지를 구축하고 있었다. 박근혜는 더 많은 사랑을 받았지만, 지지는 이명박의 몫이 조금 더 컸다.

한국사회에서 기독교는 가장 많은 사람들을 포괄하고 또 가장 강력하게 조직하고 있는 신념체계다. 하지만 그 정치적인 힘이 작동하는 방식은 좀 미묘하다. 그렇게 많은 기독교인들이 보수적인 대형교회에 모여 있고, 그곳의 목사들이 그렇게 줄기차게 수구적이고 정파적인 발언을 하고 심지어 선거 때마다 독자적인 정치세력화를 꾀함에도 불구하고 지금까지 단 1개의 의석도 얻어내 본 적이 없다. 그것은 한국에서 정치화된 종교갈등이 사회문제로 비화하지 않는 가장 중요한 이유이며, 한국 기독교인들의 위대한 점이다. 한국의 기독교인들은 스스로 정치와 종교의 분리를 실천하고 있으며, 설교말씀과 정치연설을 구분하고 있기 때문이다. 하지만 '같은 값이면' 기독

승용차 자율요일제 행사에 참석한 서울특별시장 이명박

교 신앙을 가진 정치인에 대해 더 적극적인 지지를 보내는 경향은 부정할 수 없다. 또한 보수교단 소속의 기독교인들이 보수정당의 지지층과 겹치는 것도 세계 어느 나라에서나 관찰되는 자연스러운 현상이기도 하다. '소망교회 이명박 장로'는 '충현교회 김영삼 장로'가 청와대에 머물던 시절의 향수를 떠올리게 했고, 서울시장 시절 한때 작은 소동을 빚기도 했던 '서울시 봉헌 발언' 역시 최소한 당내 경선에서는 긍정적인 효과를 발휘했다.

대의원과 일반당원과 일반 국민이 2:3:3의 비율로 포함된 선거인단의 투표 80%, 그리고 여론조사 20%로 이루어진 경선에서 이명박은 종합득표율 49.56%를 얻어 한나라당의 대통령선거 후보로 결정되었다. 박근혜는 48.06%를 얻었고, 원희룡과 홍준표는 각각 1% 안팎의 미미한 득표를 하는 데 그쳤다.

역사상 가장 압도적인 승부
—

17대 대통령선거 본선에서 만난 것은 한나라당의 이명박과 민주당의 정동영이었다. 하지만 더 이상의 치열한 순간은 남아있지 않았다. 선거기간의 처음부터 끝까지 이명박은 압도적인 우위를 유지했고, 정동영의 유세장은 늘 썰렁했다.

이슈가 없었던 것도, 이명박의 약점이 없었던 것도 아니다. 특히 선거법 위반으로 정치권을 잠시 떠나 있던 시절 설립과 운영에 관여했던 BBK라는 투자자문회사가 벌인 주가조작범죄에 개입했다는 의혹은 이전 선거의 어지간한 후보였다면 낙마하지 않을 도리가 없었을 정도로 확대되기도 했다. 자신은 BBK의 소유권과 관련이 없다는 숱한 해명에도 불구하고, 과거에 이명박이 직접 '내가 설립했다'고 말하는 동영상이 공개되는 위기를 맞기도 했다. 하지만 그 모든 것이 지지율에 별 영향을 미치지 못했고, 그의 당선을 막지도 못했다.

한편에서 그것은 '도덕성까지 기대하지 않을 테니, 단지 우리를 부자로 만들어 달라'는 단순한 요구로 해석되었다. 하지만 다른 한편에서 그것은 '그것이 사실이건 아니건 정동영을 찍고 싶은 마음이 생기지도 않는' 현상과 연결되어 있기도 했다.

정동영은 참여정부에서 통일부 총리와 여당 의장을 지내며 가장 많은 정치적 혜택을 입었음에도 대선 후보가 된 뒤에는 지지세력보다 비판세력이 더 많이 남게 된 노무현 대통령과 참여정부에 대한 '차별화'의 기조를 들고 나왔고, 경선 과정에서는 동원선거의 무리를 범하다가 적발되는 망신을 당하기도 했다. 그 과정에서 그는 당내 노무현 대통령 지지그룹으로부터 버림받았고, 정당하지 못한 방법에 의해 경선에서 패배했다고 생각한 경쟁 후보 진영의 진심 어린 조력과 지원을 얻어내지도 못했다. 그렇게 되자 손학규, 이해찬 등과의 치열한 경쟁과정을 통해 시너지를 만들어내길 기대했던 전통적인 민주당 지지층도 고개를 돌릴 수밖에 없었다.

정동영 역시 '밉더라도 지지해서 반드시 정권을 재창출해내야 할 이유'를 설득하는 데 실패했다. 자신이 몸담던 정치세력과의 차별화에 성공하기 위해서는 자신만의 새로운 정체성과 비전을 제시해야 했지만, 정동영의 캠페인에서 그것을 찾아보기는 어려웠다.

　지지자들이 먼저 포기하고 발길을 돌린 마당에 상대 후보의 약점이 드러나는 것은 적극적 행동의 동력이 되는 것이 아니라, 그저 짜증스러운 일일 뿐이었다. 광주와 전남북을 제외한 모든 권역에서 정동영은 이명박에게 밀렸고, 서울에서는 이명박에 비해 절반 정도밖에 표를 얻지 못했다. 박정희 정권 때를 포함하더라도 직선제 대통령 선거에서 유례를 찾아보기 어려운 일방적인 결과였고, 굴욕적인 결론이었다.

10 박근혜, 박정희와 육영수의 모자이크

노무현 정권이 남긴 것이 실망이라면, 이명박 정권이 남긴 것은 재앙이었다. 그리고 노무현 정권이 나름의 선의에서 비롯된 실수와 실패들을 남겼다면, 이명박 정권은 사악한 기획의 필연적인 파국을 남겼다.

제17대 대통령선거에서 이명박 후보가 내건 경제 공약은 '7.4.7'이었다. 7% 성장과 1인당 국민소득 4만 달러 달성, 그리고 세계 7대 선진국 진입을 의미하는 숫자들이다. 정확하게 짚는다면 공약이라기보다 재임 중 달성하고자 하는 목표치의 제시라고 하는 것이 맞을 것이다. 그리고 그 목표치를 달성하기 위해 그가 선택한 방법은 세금을 낮추고, 금리를 낮추고, 환율을 올리고, 시장을 더 폭넓게 개방하는 것이었다. 전체적으로 기업, 특히 대기업의 활동에 유리한 환경을 조성해주는 것과 소비를 활성화함으로써 경기를 부양하는 데 초점을 맞춘 정책들이었다.

하지만 저임금구조와 비정규직 문제를 개선할 방안도 의지도 가지고 있지 않은 상태에서는 경기를 살리는 데 한계가 있었고, 서민들의 삶의 질도 나아지기 어려웠다. 이명박 정부는 그런 불가능한 순환의 문제를 '4대강 사업'이라는 도깨비방망이로 해결하겠다고 나섰고, 2009년부터 2012년 상반기까지 대략 3년 반의 기간 동안 무려 22조 원의 예산을 강바닥에 풀어 넣었다. 한강, 낙동강, 영산강, 금강을 준설하고 보를 설치해 저수량을 늘림으로써 홍수를 조절하고 강가에 자전거 길을 조성해 관광 효과도 높인다는 구상이었다.

그 과감한 투자의 성패를 확인하는 데는 그리 긴 시간이 필요하지도 않았다. 그리고 결과적으로 모든 것은 최악의 결과로 돌아오고 말았다. 공사에 착수한 지 5년도 채 지나지 않아 무수한 보에 가로막히며 흐름을 멈춘 강들은 곳곳에서 썩어 들어갔고, 물고기들의 집단 폐사 현상이 전국적으로 나타나게 됐으며, 만성적인 녹조 현상 때문에 오히려 하천 주변 지역에서 농업용수와 공업용수 부족에 시달리는 역설이 발생했다. 썩어 들어가는 강이 관광자원이 될 수 없는 것은 당연한 일이었고, 애초에 큰 강 본류보다는 상류나 지류에서 흔하게 일어나던 홍수를 예방하는 효과가 있을 리도 없었다. 예산 22조 원이 살린 것은 건설회사의 일시적인 경기였을 뿐, 그것이 소비지출을 자극하는 효과도 극히 미미했다.

4대강 정비사업은 이명박 정부 경제정책의 가장 중요한 축이었고, 그것이 재앙으로 남는 한 다른 영역도 기대한 만큼의 결과를 낼수는 없었다. 5년의 임기 동안 경제성장률은 연평균 3.2%였고 1인당 국민소득은 취임 전보다 1,076달러 상승한 22,708달러에 그쳤다.

모두 목표치의 절반에도 미치지 못한 셈이고, 오히려 경제적으로 무능한 정권으로 낙인 찍혔던 김대중-노무현 정부 때보다도 상승 폭이 크게 둔화된 결과였다. 반면 정부채무(180조 증가. 증가 폭 59.4%)와 가계부채(276조 증가. 증가 폭 43%)가 기록적으로 증가했으며, 물가상승 폭은 가팔라지고 소득상승은 정체되거나 오히려 악화된 것으로 나타났다. 임금상승이 억제되어있는 상황에서 청년 실업문제와 비정규직 문제가 계속 공전되는 한 가계소득의 감소와 불경기의 심화는 어쩔 수 없는 문제들이다.

그런데 한국인이라면 누구나 체감할 수밖에 없었던 수많은 경제적 실정과 실패들 속에서, 한나라당의 18대 대통령선거 후보 박근혜가 또다시 들고나온 슬로건이 바로 '7.4.7'이었다. 껍데기만 같은 것이 아니었다. '세금을 줄이고 규제를 풀고 법질서를 세운다'는 의미의 '줄푸세'라는 슬로건 역시 이명박 정부의 정책 방향과 어긋나는 점이 없었다. 약간의 다른 점이라면, 다양한 복지혜택 확대에 관한 약속이 추가되었다는 것을 들 수 있긴 했다. 하지만 선거 과정에서 '세금을 줄이면서 어떻게 복지를 확대할 수 있는가?'라는 상대 후보의 당연한 질문에 대해 그녀는 단지 '내가 대통령이 되면 할 수 있다'는 선문답을 내놓았을 뿐이었다. 혹은 '기존 경제이론의 패러다임을 뛰어넘는, 창조경제를 통해 실현해나간다'는 선문답도 던졌는데, 그 창조성의 정체가 무엇인지에 대해서는 그녀의 임기가 끝나는 순간까지도 속 시원한 답을 내놓지 못했다.

그런데도 박근혜는 당선됐고, 대한민국의 제17대 대통령으로 취임해서 4년간을 재임했다. 선거운동 기간에도 그 공약과 정책은 별다른 시비의 대상이 되지 못했다. 도대체 한국인은 왜, 그런 박근혜를 선택했을까? 아무런 구체성이 없었을 뿐 아니라 재앙적인 실패로 끝났던 전임자의 슬로건마저 그대로 이어받은 그녀의 어이없는 무모함에 대해 왜 의문을 던지지 않았고, 왜 검증하지 않았고, 그저 믿고 따라갔을까?

박근혜니까. 박근혜를 믿으니까. 박근혜라면 믿어도 되니까. 그랬다. 2007년에 다수의 한국인은 박근혜를 믿었고, 그녀에게 대통령이라는 자리를 허락했다.

부산 사상구 서부버스터미널에서 박근혜 새누리당 대선 후보가 유세를 펼치고 있다.

가장 비정치적 인물의 정치 도전, 문재인

—

제18대 대통령선거에서 박근혜의 상대는 문재인이었다. 문재인은 광주 민주화운동의 출발점이 되는 5·17비상계엄확대와 동시에 체포되어 청량리구치소에 수감되어있던 중 사법시험에 합격했고, 사법연수원을 차석으로 수료하고도 판사 임용이 거부당하자 고향인 부산으로 내려가 노무현과 함께 변호사 사무실을 열었다. 그리고 1987년에는 역시 노무현과 함께 부산민주시민협의회(부민협)를 이끌며 부산 지역의 6월 항쟁을 주도하기도 했다. 하지만 문재인은 노무현과의 인연만 아니었다면 끝내 정치권으로 들어오지 않았을 인물이다.

그는 이미 1988년에 통일민주당 김영삼 총재로부터 영입 제안을 받은 적이 있었다. 그와 함께 부산 지역의 인권변호사 트로이카로 널리 알려져 있던 노무현, 김광일과 더불어 제13대 국회의원 부산 지역 선거에 출마해 바람을 일으켜달라는 요청이었다. 실제로 노무현과 김광일은 그 선거에서 당선되고 청문회를 통해 이름을 알리며 전국적인 스타 정치인으로 성장하기도 했다. 하지만 문재인은 그 제안을 거절하고 재야에 남았고, 한동안 부산 지역에서 구속된 민주화운동 관련자 가족들은 모두 문재인을 찾아간다는 말이 회자되기도 했다. 김영삼이 3당 합당 참여한 뒤로는 부산 경남 지역의 민주화운동 세력을 대표하는 이름 중의 하나로 남은 것 역시 당연한 일이었다.

그 뒤에도 종종 야당 지도자들이 문재인을 찾아 부산 지역 야당

재건의 축이 되어주길 요청하곤 했지만 그는 늘 거절했다. 그리고 2002년에는 새천년민주당의 대통령 후보가 된 오랜 친구 노무현이 특별히 부산시장 출마를 요구했지만 그것 역시 받아들이지 않았다. 다른 특별한 이유가 있어서라기보다는, 그 자신이 정치적 야심과는 거리가 먼 인물이었기 때문이다.

하지만 그해 겨울 대통령선거에서 당선된 노무현이 청와대에 입성하자 비서실로 합류해달라는 요청만큼은 물리치지 못했고, 결국 민정수석비서관과 비서실장으로서 임기의 대부분을 함께 했다. 그리고 노무현 대통령의 임기가 마무리되는 것과 더불어 문재인의 공직 생활도 일단락됐다. 심지어 청와대에서 근무하는 중에도 끊임없이 고향의 변호사로 돌아가고 싶다는 희망을 토로하곤 했고 실제로 그렇게 한 적도 있었지만, 노무현 대통령이 임기 중에 국회로부터 탄핵을 당하자 곧 노무현의 곁으로 돌아오기도 했다. 하지만 어쨌거나 참여정부의 임기가 모두 마무리되면서, 그에게 또다시 정치 입문을 권유하는 이들이 나타날 거라고는 그를 포함한 누구도 생각하지 못했을 것이다.

하지만 2009년 5월 23일. 노무현 전 대통령이 스스로 목숨을 끊으면서 모든 것이 달라졌다. 노무현의 죽음은 역설적이게도 이미 퇴임하며 정치무대의 뒤편으로 사라졌던 노무현을 또다시 정치현장의 맨 앞에 내세우게 했고, 자연스럽게 그 대리자의 역할이 맡겨진 것이 문재인이었기 때문이다.

임기 초 광우병 파동에도 불구하고 미국산 소고기 수입을 강행하다가 대규모 촛불시위의 저항에 부딪히며 첫 번째 정치적 위기를 맞은 이명박 대통령은 촛불의 배후에 있다고 생각한 노무현 전 대통령의 위상을 무너뜨리기로 했고, 사정기관을 총동원해 그 뒤를 캐기 시작했다. 검찰총장 임채진과 대검찰청 중수부장 이인규, 수사기획관 홍만표, 중수2과장 우병우는 이명박 대통령의 뜻대로 움직여 '노무현 망신주기'에 총력을 기울였고, 수많은 언론이 그 들러리를 자임하며 전방위적인 물어뜯기에 나섰다. 노무현 전 대통령의 자살은 막다른 골목에서 자신과 지지자들의 존엄성을 지키기 위한 한 가지 선택이었고, 그 과정에 대한 안타까움과 분노는 '친노'라는 집단이 정치

민주통합당 문재인 후보가 대선 후보로 확정된 뒤 지지자들을 향해 손을 들어올리고 있다.

적인 생명력을 회복하는 중요한 계기가 됐다.

2012년 제19대 국회의원선거를 통해 본격적으로 정치에 입문한 문재인은 부산 사상구에서 당선된 뒤 6월에는 대선 출마를 선언했다. 그리고 손학규, 정세균, 김두관, 박준영 등과 함께 후보 경선에 참여해 13개 전 지역에서 1위를 차지하며 민주통합당의 대통령 후보가 됐고, 두 달 뒤인 11월에는 당대표 권한대행을 맡으면서 당권까지 장악하게 되었다.

이슈 없는 접전, 제18대 대통령선거

—

문재인과 박근혜가 맞붙은 2012년 제18대 대통령선거는 오랜만에 여권과 야권이 총동원된 한 판 대결의 양상으로 흘러갔다. 여권이 일찌감치 박근혜 후보를 중심으로 선거체제를 완비했고, 야권 역시 제3후보로서 상당한 지지를 확보했던 안철수 후보가 중도에 사퇴한 것을 비롯해 심상정 진보정의당 후보와 이정희 통합진보당 후보도 차례로 문재인 지지를 선언하며 레이스를 중단했다. 박근혜의 집권을 막아야 한다는 대의 안에서 보수야당과 진보정당이 보조를 같이한 것이다. 그래서 1971년 제7대 대통령선거 이후 가장 완벽한 양자대결 구도가 만들어졌고, 지지율에서도 접전 양상이 계속됐다.

그 대결의 치열함은 개표 결과를 통해서도 드러났다. 박근혜 후보는 1,577만 표(51.55%)를 얻었고 문재인 후보는 1,469만 표(48.02%)를 얻었다. 투표율이 75.8%까지 올라가면서 서로 얻을 수 있는 표를 대부분 흡수한 결과였고, 두 사람은 각각 역사상 가장 많은 표를 얻은 당선자와 낙선자로 기록되었다.

그런데 기이한 것은, 그 선거를 돌아볼 때 어떤 쟁점과 이슈를 중심으로 논쟁이 벌어졌는지에 대해 많은 사람이 별다른 기억을 가지고 있지 못하다는 점이다. 그런 선거라면 과거 1992년 제14대 대통령선거가 그랬듯 각자가 가진 세력, 그리고 눈에 보이지 않는 움직임을 만들어낸 쪽이 승기를 잡기 마련이다. 기본적인 세력이라는 면에서 늘 우위에 선 것이 박근혜 후보를 내세운 전통적인 여당 계열이라는 점은 누구나 아는 사실이다. 더구나 은밀하게 움직이는 이들이 힘을 발휘했다는 점 역시 20년 전과 같았다.

그 선거를 지배했던 이슈들이 몇 가지 있긴 했다. 남북정상회담 때 노무현 전 대통령이 NLL에 관해서 했다는 발언에 대한 진실게임이 있었고, 국가정보원과 국군사이버사령부가 조직적으로 박근혜 후보 당선을 위해 개입한 증거들이 포착되기도 했으며, 박근혜 후보 캠프에서 불법적인 댓글조작집단을 운영한 정황 역시 포착되었다.

하지만 그 모든 과정을 통틀어서 '정책검증'이라고 할 만한 것은 거의 없었거나, 있었다고 해도 야당 후보인 문재인에 대한 것으로 한정되어 있었다. 여당 후보이며 대부분의 기간 동안 지지율 1위를 달려온 박근혜 후보의 정책에 대해서는 검증하는 과정 자체가 거의 없었다는 점이 그해 대통령선거의 가장 큰 특징이었다. 물론 국가기관과 박근혜 후보 진영의 반칙들에 대해 선거 전과 후를 통틀어 어떤 응징도 제재도 이루어지지 않았다는 점도 반드시 기억되어야 할 대목이다.

대한민국 최장수 아이돌, 박근혜

—

지나고 나서 생각하면 당연했던 일의 이상한 점이 보일 때가 있다. 예컨대 무려 18년 동안이나 정치인으로서 공중에 얼굴을 내걸고 살았으며, 길게 보면 60여 년 가까이 전 국민이 그녀의 이름을 알고 지내왔지만, 정작 박근혜가 어떤 사람인가에 대해 한국인들이 아는 것이 거의 없다는 사실이 그렇다.

초등학생 시절부터 청와대에서 자랐으며, 아버지를 노리던 총탄에 맞아 비명횡사한 어머니를 대신해 퍼스트레이디의 역할을 하며 20대를 보냈고, 20대 후반에 아버지마저 잃으며 청와대를 나와 18년 동안 드러나지 않는 삶을 살았다. 그러다가 40대 후반에 국회의원이 되어 정치인으로서의 삶을 시작했고, 거대야당의 부총재와 대표를 거쳐 대통령 자리에 오른 인물이다. 어린 나이에 국가를 대표하는 역할을 많이 했기 때문인지 모르지만, 아버지 박정희가 암살당했다는 소식을 듣자마자 전방의 동향을 먼저 묻고 선거 지원유세 중에 커터

박정희 대통령, 육영수 여사, 지만, 근령 씨 등 동생들과 찍은 어린 시절의 가족 사진

칼에 얼굴을 베이는 테러를 당하고도 대전의 선거운동 상황을 먼저 묻는 초연함과 차분함을 타고 난, 위기에 강한 성격을 가졌다는 평이 자자했다.

　대략 이것이 한국인이면 대개 알고 있는 박근혜에 대한 정보의 거의 전부다. 그리고 그 정보에 근거해서 누군가는 그녀를 존경했고, 누군가는 사랑했으며, 누군가는 안쓰러워했고, 누군가는 두려워했다. 그래서 누군가는 그녀를 지지했고, 누군가는 그녀를 반대했다. 사실 말도 안 된다. 그것은 누군가를 지지하거나 반대하거나 사랑하거나 미워할 만한 근거가 될 수 없다. 그래서 그녀는 어느 정도의 판단력과 창의력과 소통능력을 지니고 있으며, 어떤 사안에 대해 어떤 계획을 가지고 있단 말인가?

그 아버지는 박정희였고, 그 어머니는 육영수였다는 사실을 놓고서야 이쪽이든 저쪽이든 이야기가 된다. 박정희의 딸이니 이럴 것이고, 육영수의 딸이니 저럴 것이라는 무의식적인 상상을 채워 넣어야 비로소 박근혜라는 연속적인 이미지가 떠오르게 되는 것이다. 우리가 아는 박근혜는 박근혜가 아니다. 그것은 박정희와 육영수의 모자이크다.

그런데 문제는 들어갈수록 더욱 난해해진다. 우리가 그렇다고 해서 박정희나 육영수의 실체에 대해 아는 것도 아니기 때문이다. 우리는 우리가 사실은 잘 모르면서도 안다고 생각하는 박정희와 육영수의 이미지를 모으고 갖다 붙여 박근혜라는 사람의 이미지를 만들어내고, 그것을 대상으로 사랑하기도 하고 미워하기도 하고 안쓰러워하기도 하고 두려워하기도 했다. 마치 무대 위의 아이돌이 카메라를 향해 입 맞추고 윙크하는 것을 보며 가슴 설레고, 그들에게 연인이 생겼다는 뉴스를 접하며 눈물을 흘리고 분노하듯 우리는 박근혜에 대해 느끼고 평가하며 상대해온 것이다.

어떤 상황이든, 예컨대 애꿎은 학생들 수백 명이 물속에 잠겨 죽어가는 곳이건 큰불이 나서 삶의 터전을 홀랑 날려 먹은 이들이 주저앉아 통곡하는 자리건, 심지어는 자신이 탄핵을 당해서 끌려 나온 길이건, 사람들이 있고 그들이 자신의 이름을 부르며 다가오면 반사적으로 웃음 지으며 손을 흔드는 대통령 박근혜에게서 어떤 이들은 논두렁을 찾아 막걸리 잔을 기울이던 박정희의 모습을 발견한다. 그리고 나라의 최고 권력자이면서도 밑바닥을 찾아 거리낌 없이 손을 내미는 그 황송한 발걸음에 감읍한다.

또한 단정하게 올린 머리에 우아하게 깃을 세운 화려한 색의 외투 차림으로 대통령 전용기 탑승 계단에 오르는 박근혜의 모습에서 어떤 이들은 단정한 한복 차림에 박정희의 곁에서 손 흔들던 육영수의 모습을 발견한다. 어떤 하찮은 사람의 억울한 사연이라도 허투루 듣지 않고 꼭 해결해줄 수 있도록 애를 썼다는 자상함과 어느 야당 지도자보다도 더 날카롭게 세상 민심을 전하고 직언을 서슴지 않았다는 옛 영부인의 꼿꼿함에 대해 곱씹고 상상한다.

그런데 또 다른 이들은 그런 모습에서 위선을 발견하고 역겨움과 분노를 느낀다. 박정희가 총을 맞고 쓰러지던 순간 어지러이 흐트러진 시바스 리갈 양주병, 그리고 그 자리에서 술 시중을 들다가 쓰러지는 박정희를 제일 먼저 부축한 미모의 여대생과 여가수를 떠올리기 때문이다. 그리고 옥천에서 여덟 명의 첩을 거느렸던 친일파 갑부 육종관의 그 으리으리한 저택과 그 안의 석빙고와 연못들과 정자들, 그리고 거기서 나고 자라며 다른 이의 고통에는 둔감했다는 옥천 공주 육영수에 대해 떠올리기 때문이다.

그런데 2017년 3월 10일, 헌법재판소는 8인 만장일치로 국회가 제출한 대통령 박근혜에 대한 탄핵소추안을 인용했다. 박근혜는 대한민국 역사상 최초로 탄핵절차에 의해 파면된 대통령이 됐다. 통치 행위 일부가 헌법을 위배했을 뿐 아니라 헌법 수호의 의지가 보이지도 않는다는 것이 결정의 이유였다. 또한 탄핵인용의 이유로 채택되지는 않았지만, 국민의 생명 수호를 위해 최선의 행동을 하지 못한 점에 대해서도 헌법재판소는 지적했다.

우리가 국회와 헌법재판소의 엄밀한 심판 과정을 통해 확인한 객관적인 박근혜의 모습은 그것이었다. 주변의 특정한 사람을 위해 국가기구를 자의적으로 움직였으며, 국가기구를 모두 무시하고 그에게 의존해서 결정하고 행동했으며, 수백 명의 생명이 달린 위급한 순간에도 가장 중요한 곳을 직시하기는커녕 넋을 놓고 있었거나 뭔가 끝까지 알릴 수 없는 행동을 하고 있었으며, 그 모든 과정에 대해 진실하지 못할 뿐 아니라 끝까지 은폐하고 왜곡하려는 집념을 버리지 않았다. 또한 여럿이 함께 밥을 먹는 일을 고역으로 알며, 남이 앉았던 변기에 앉는 일을 도저히 견디지 못해 가는 곳마다 화장실을 여럿 뜯어고쳐야 하는 성격이며, 일해야 하는 시간과 휴식을 즐겨도 되는 시간을 구분하지 못하는 사람이었다. 최소한 그것은 전설도 아니고 망상도 아니며 객관적인 사실이고 가릴 수 없었던 민낯이었다.

대통령 박근혜가 한국 사회에 남긴 것은 업적이 아니라 교훈이다. 윤석열 특검보는 '나는 사람에 충성하지 않는다'는 말로 감동을 줬다. 가치에 충성하는 이를 '지사'라 부르고 사람에 충성하는 이를 '꼬붕'이라고 부른다. 성숙한 유권자 역시 사람에게 표를 던지지 않는다. 누군가 피 흘려 싸워 얻어낸 신성한 투표권 한 장을 아무 수고 없이 얻었다면, 정치인의 얼굴과 사연이 아니라 그가 가리키는 철학과 정책을 곱씹어보고 판단할 의무 정도는 완수해야만 누군가의 꼬붕 신세를 면할 수 있다.

우리는 정치인에 대해 정확히 알 수 없다. 그래서 그들을 믿고 사랑하는 거야 자유겠지만, 그 사람 자체가 신념이 되고 판단의 근거가 되는 일은 경계해야 한다. 귀엽고 순진무구한 얼굴의 아이돌이 자신의 가슴 속엔 오직 팬 여러분뿐이라는 이야기의 진위에 내 인생을 걸 필요가 없는 것처럼, 정치인의 사람됨과 믿음직함에 내 표를 걸 필요가 없다. 우리는 그들이 약속하는 것에 대해 냉철하게 따져야 하고, 그 약속을 지키지 않을 경우에 어떻게 응징할 것인지 염두에 두어야하며, 정말 그런 일이 벌어졌을 때 냉정하게 그 정치인을 버려야 한다. 그것이 합리적인 위임자의 선택이며, 그것이 민주주의를 위한 주권자의 몫이다.

민주주의라는 나무에 피 대신
표를 뿌려라

　민주주의는 피를 먹고 자란다는 말이 있다. 프랑스 시민군의 희생
이 없었다면 민주주의의 역사가 언제 시작됐을지 알 수 없고, 광주
시민군의 희생이 없었다면 대한민국의 민주주의가 언제 다시 살아났
을지 알 수 없다. 역사라는 수레바퀴가 간혹 피를 뿌리지 않고는 돌
아가지 않는 고비에 걸리기도 하고, 또 피를 뿌려주었을 때 수십 년
동안 공전해야 할 것이 순식간에 제자리를 찾아 돌아가기도 하는 것
을 우리는 분명히 보게 된다. 그래서 우리는 피 흘려 싸운 민주 영웅
의 이름을 기억하고, 그 앞에 고개를 숙이기도 한다.

　하지만 마치 민주주의 사회에서 살아가는 모든 시민에게 '역사가
부른다면' 마땅히 달려 나아가 피를 뿌려야 할 의무가 있는 것처럼
말하는 것 역시 전체주의적인 호도다. 역사의 부름을 누가 먼저 듣고

계시할 것이며, 누가 어느 것이 역사의 편이라고 단정하고 지시할 것인가.

열차가 돌진하는 선로에 떨어진 이웃을 구하기 위해 달려든 이를 칭송하는 것은 옳다. 그것은 선하고 용감한 행동이며, 이웃에 대한 사랑을 실천하는 아름다운 일이다. 하지만 모든 사람이 그래야 하는 것은 아니며 그럴 수 있는 것도 아니다. 다가오는 열차의 굉음에 의지와 달리 몸이 굳는 것은 우리가 타고 난 삶의 본능이며, 그 본능에 순응하는 것은 죄악이 아니다. 마찬가지로 평범한 시민들은 자신과 가족의 생명과 안전을 위협하는 폭력 앞에서 무릎 꿇을 권리와 자유가 있다. 그것을 부정하는 것은 민주주의가 아니다.

민주주의의 정말 멋진 점이 바로 거기에 있다. 민주주의는 인간의 비겁함을 인정하고 용납한다. 그리고 비겁한 자에게도 당당한 주권자의 자격을 부여한다. 비겁한 자도 아무 거리낌 없이 당당하게 자신의 운명에 개입할 수 있게끔 만들어놓은, 선거라는 제도를 통해서 말이다. 선거가 민주주의의 꽃인 이유는 비겁하며 조국과 민족과 공동체와 민주주의 따위를 위해 피를 뿌릴 용기와 의지가 없는 대다수의 시민들이 존엄한 역사의 주인이자 권력의 원천이라는 사실에 대한 인정이고, 그럴 수 있는 길을 열어주었기 때문이다.

물론 그 선거라는 제도를 지키기 위해 수많은 사람이 피를 흘렸고, 그 피를 먹고 자란 민주주의가 우리의 비겁함을 지켜준다. 그것만은 기억해야 하고, 우리가 누리는 누군가의 피에 대한 감사와 존경

심만은 가질 의무와 도리가 또한 우리에게 있다. 하지만 이미 선거와 민주주의라는 묘목을 분양받았다면, 굳이 피를 요구하기 전에 미리 때에 따라 표를 뿌려 키우면 문제가 없다. 지금 대한민국의 민주시민에게 요구되는 것은 '피'가 아니라 '표'다.

그래서 비겁한 것은 민주시민의 죄가 아니지만, 자신의 한 표를 무시하고 버리는 것은 분명하고 심각한 죄다. 그리고 바로 그런 죄가 쌓여 피를 뿌려야만 민주주의가 되살아나는 잔인한 시절을 맞이하게 되는 것이다.

자, 그래서 피 대신 때에 따라 표를 뿌리는 것만으로도 우리는 충분히 당당한 민주주의 시민이 될 수 있는데, 그것을 마다할 이유가 도대체 무엇이란 말인가?

참고한 책들

강성재, 〈참군인 이종찬장군〉, 동아일보사, 1986.

김형욱, 박사월, 〈김형욱 회고록〉, 문화광장, 1987.

백무현, 〈만화 노무현〉, 이상미디어, 2015.

서중석, 〈대한민국 선거이야기〉, 역사비평사, 2016.

원희복, 〈조용수 평전〉, 전국언론노동조합연맹, 1995.

임중빈, 〈단재 신채호 일대기〉, 범우사, 1991.

정운현, 〈나는 황국신민이로소이다〉, 개마고원, 1999.

최정운, 〈한국인의 탄생〉, 미지북스, 2013.

편집부, 〈에센스 부정선거 도감〉, 프로파간다, 2015.

기타 일간지와 월간지들.

대한민국 역대 대통령 선거 결과

* 득표율은 유효투표 수 대비 백분율

	일자	선거 절차	투표율	당선자(득표율)	득표2위(득표율)
1대	1948년 7월 20일	간접선거	100%	이승만(91.8%)	김구(6.6%)
2대	1952년 8월 5일	직접선거	88.1%	이승만(74.6%)	조봉암(11.4%)
3대	1956년 5월 15일	직접선거	94.4%	이승만(70.0%)	조봉암(30.0%)
4대	1960년 3월 15일		* 부정 선거로 인한 무효 처리		
4대	1960년 8월 12일	간접선거	100%	윤보선(82.2%)	김창숙(11.5%)
	* 5.16 군사 정변(1961년 5월 16일)으로 인한 박정희 권한대행 체제				
5대	1963년 10월 15일	직접선거	85%	박정희(46.6%)	윤보선(45.1%)
6대	1967년 5월 3일	직접선거	83.6%	박정희(51.4%)	윤보선(40.9%)
7대	1971년 4월 27일	직접선거	79.8%	박정희(53.2%)	김대중(45.2%)
8대	1972년 12월 23일	간접선거	100%	박정희(100%)	–
9대	1978년 7월 6일	간접선거	99.9%	박정희(100%)	
	* 박정희 대통령 피살(1979년 10월 26일)로 인한 최규하 권한대행 체제				
10대	1979년 12월 6일	간접선거	100%	최규하(100%)	–
11대	1980년 8월 27일	간접선거	100%	전두환(100%)	–
12대	1981년 2월 25일	간접선거	99.9%	전두환(90.2%)	유치송(7.7%)
13대	1981년 2월 25일	직접선거	89.2%	노태우(36.6%)	김영삼(28.0%)
14대	1992년 12월 18일	직접선거	81.9%	김영삼(42.0%)	김대중(33.8%)
15대	1997년 12월 18일	직접선거	80.7%	김대중(40.3%)	이회창(38.7%)
16대	2002년 12월 19일	직접선거	70.8%	노무현(48.9%)	이회창(46.6%)
17대	2007년 12월 19일	직접선거	63%	이명박(48.7%)	정동영(26.1%)
18대	2012년 12월 19일	직접선거	75.8%	박근혜(51.6%)	문재인(48.0%)
	* 박근혜 대통령 탄핵으로 인한 황교안 권한대행 체제				
19대	2017년 5월 9일	직접선거			

대한민국 역대 국회의원 선거 결과

*집권여당은 굵게 표시
* 양원제로 치러진 5대 국회의원 선거는 민의원 선거 결과만 수록
* 9, 10대 국회의원 선거에서 유신헌법으로 선출된 유신정우회 의원은 제외

	일자	투표율	전체 의석	제1당(의석 수)	제2당(의석 수)
1대	1948년 5월 10일	95.5%	200	대한독립촉성국민회(55)	한국민주당(29)
2대	1950년 5월 30일	95.5%	210	민주국민당(24)	대한국민당(24)
3대	1954년 5월 20일	91.1%	203	**자유당**(111)	민주국민당(16)
4대	1958년 5월 2일	87.8%	233	**자유당**(126)	민주국민당(80)
5대	1960년 7월 29일	84.3%	233	민주당(175)	사회대중당(4)
6대	1963년 11월 26일	72.1%	175	**민주공화당**(110)	민정당(40)
7대	1967년 6월 8일	76.1%	175	**민주공화당**(129)	신민당(45)
8대	1971년 5월 25일	73.2%	204	**민주공화당**(113)	신민당(89)
9대	1973년 2월 27일	72.9%	146	**민주공화당**(73)	신민당(52)
10대	1978년 12월 12일	77.1%	154	**민주공화당**(68)	신민당(61)
11대	1981년 3월 25일	77.7%	276	**민주정의당**(151)	민주한국당(81)
12대	1985년 2월 12일	84.6%	276	**민주정의당**(148)	신한민주당(67)
13대	1988년 4월 26일	75.8%	299	**민주정의당**(125)	평화민주당(70)
14대	1992년 3월 24일	71.9%	299	**민주자유당**(149)	민주당(97)
15대	1996년 4월 11일	63.9%	299	**신한국당**(139)	새정치국민회의(79)
16대	2000년 4월 13일	57.2%	273	한나라당(133)	**새천년민주당**(115)
17대	2004년 4월 15일	60.6%	299	**열린우리당**(152)	한나라당(121)
18대	2008년 4월 9일	46.1%	299	**한나라당**(153)	통합민주당(81)
19대	2012년 4월 11일	54.2%	300	**새누리당**(152)	민주통합당(127)
20대	2016년 4월 13일	58%	300	더불어민주당(123)	**새누리당**(122)

대선의 현대사

초판 1쇄 펴낸 날 | 2017년 4월 28일

지은이 | 김은식
펴낸이 | 홍정우
펴낸곳 | 브레인스토어

책임편집 | 이상은
편집진행 | 남슬기
디자인 | 나선유
마케팅 | 정다운

주소 | (121-894) 서울특별시 마포구 양화로7안길 31(서교동, 1층)
전화 | (02)3275-2915~7
팩스 | (02)3275-2918
이메일 | brainstore@chol.com
페이스북 | http://www.facebook.com/brainstorebooks

등록 | 2007년 11월 30일(제313-2007-000238호)

© 김은식, 2017
ISBN 979-11-88073-03-0 (03910)

이 도서의 국립중앙도서관 출판시도서목록(CIP)은 서지정보유통지원시스템 홈페이지(http://
seoji.nl.go.kr)와 국가자료공동목록시스템(http://www.nl.go.kr/kolisnet)에서 이용하실 수
있습니다.(CIP제어번호: CIP2017008493)